D1727796

Impressum

© Mackingerverlag
A-5101 Bergheim bei Salzburg
www.mackingerverlag.at
herbert@mackingerverlag.at

Umschlaggestaltung und alle Fotos: H. Mackinger

3., überarb. Aufl. 2016

ISBN 978-3-902964-10-6
(Im Buchhandel auch als e-book erhältlich: ISBN 978-3-902964-11-3)

Clemens Bergh

Wege aus dem Irrgarten der Gefühle

Seelische Vorgänge verstehen, Gefühle besser steuern

MACKINGERVERLAG

Liebe Leserin, lieber Leser,

Schon in wenigen Wochen waren die ersten beiden Auflagen vergriffen, was uns natürlich in der Überzeugung bestärkte, auf dem richtigen Weg zu sein. Wir nutzten nun diese Gelegenheit um Ergänzungen am Manuskript vornehmen zu lassen.

Nach wie vor gehen wir von der Überzeugung aus, dass es hilfreich sein kann, Psychotherapie in Anspruch zu nehmen, aber ebenso davon, dass wesentliche Verbesserungen der persönlichen Befindlichkeit selbst erreicht werden können.

Schließlich liegt heute jeder Psychotherapie das Konzept *Hilfe zur Selbsthilfe* zugrunde - und genau das ist das Anliegen dieses Buches: Aufzeigen genereller Wirkprinzipien des „Seelischen" und Anregungen dafür, das Potential, das in jedem schlummert, besser auszuschöpfen.

Doktor Bergh ist seit vielen Jahren als Psychotherapeut in Klinik und freier Praxis tätig und schöpft daher aus reicher Erfahrung.

Wir freuen uns, dass wir Dr. Clemens Bergh dazu gewinnen konnten, dieses Buch zu schreiben, und ebenso die angesprochenen Erweiterungen vorzunehmen.

Herbert Mackinger
MACKINGERVERLAG

INHALTSVERZEICHNIS

EINSTIEG

Was dich hier erwartet

Man kann aus der Lektüre dieses Buches nur ein Bisschen, *aber auch sehr viel Nutzen* ziehen. Der Nutzen ist natürlich umso größer, je mehr Bereitschaft da ist, etwas anzunehmen. Allerdings gehe ich gar nicht davon aus, dass du dich unbedingt sofort ändern willst oder *musst*. Vielleicht geht es dir ohnehin gut und du liest das Buch nur interessehalber.

Auch gut!

Hast du schon andere „Psycho-Bücher" in der Hand gehabt? (hoffentlich waren sie informativ!). Du wirst hier trotzdem sehr viel Neues finden, denn die menschliche Psyche (Erleben und Verhalten) und alles was damit zusammenhängt, ist in einem Ausmaß komplex und individuell, so dass es fast gar nicht anders geht, als Neues einfließen zu lassen.

Es ist im Seelenleben sehr schwierig zwischen „falsch" oder „richtig" zu unterscheiden: Hier findest du *meine* Ansichten und *meine* Erfahrungen niedergelegt. Es soll sich niemand anmaßen zu behaupten, er/sie wisse, wie jemand anderer zu leben hätte. Jedenfalls *kannst du* bei entsprechender Offenheit immer wieder profitieren.

Ein paar weitere *Vorbemerkungen* scheinen mir unverzichtbar.

Aufgrund meiner bisherigen beruflichen Laufbahn als Therapeut schöpfe ich aus reicher Erfahrung, und die in diesem Buch vorgestellten *Beispiele aus dem „wirklichen Leben"* sind der stärkste Anstoß für eine Selbsttherapie, weil sie am glaubwürdigsten sind. Trotzdem bin ich es meinen Klientinnen und Klienten schuldig, ihre Anonymität zu schützen. Das ist ihr Recht. Ich werde also bei den vorgebrachten Beispielfällen solche Änderungen vornehmen, dass es nicht mehr möglich sein wird, die konkrete Person zu identifizieren. Umgekehrt aber werde ich jene Eigenschaften und Merkmale beibehalten, die für das Verständnis eines „Falles" unumgänglich sind (Auf gleiche Weise wird dich übrigens auch dein/e TherapeutIn schützen, falls du dich entscheiden solltest, eine Psychotherapie zu beginnen).

Jetzt habe ich dich schon mehrfach geduzt, obwohl wir uns ja gar nicht kennen. Bitte betrachte das nicht als aufdringlich, sondern symbolisch, also als ein Zeichen für eine persönliche Nähe oder eine Vertrauensbeziehung (Diese kann ja nach den wenigen Zeilen kaum hergestellt sein). Das verwendete *Du* in diesem Buch sollte der wichtige Hinweis darauf sein, *dass eine vertrauensvolle Beziehung zwischen KlientIn/PatientIn und TherapeutIn eine Grundvoraussetzung für das Gelingen einer Therapie ist.*

Eine ebenso wichtige Vorbemerkung ist die folgende: Grundsätzlich ist es meine Absicht, dir mit meinen Darstellungen Mut zuzusprechen und dich zu konkreten Veränderungsschritten anzuregen. Vielleicht aber kommst du durch die Lektüre zum Entschluss, doch einen Therapeuten aufzusuchen. Das hielte ich auf alle Fälle für schlau! Die Unterstützung durch einen „echten" Therapeuten (oder Therapeutin) kann kein Fehler sein!

Die Lektüre sollte dich anregen und vielleicht auf zusätzliche Ideen bringen. Ich schreibe jedenfalls nicht in Konkurrenz zu TherapeutInnen, sondern als Unterstützer - entweder *für eine Entscheidung* pro/contra Psychotherapie, oder Unterstützer einer laufenden Behandlung.

Und schließlich noch der „Klassiker" unter allen Vorbemerkungen: Selbstverständlich meine ich immer Frauen und Männer gleichermaßen, egal ob ich von TherapeutInnen oder KlientInnen rede. Ich werde mich ein bisschen abwechseln, um ein Gleichgewicht zwischen den männlichen und weiblichen Formen herzustellen. Diese Form des „Genderns" ist mir lieber, als die anderen, oft sehr sperrigen Optionen.

Selbstbehandlung?

Schon oft gemacht

Ist Selbstbehandlung möglich? Diese Frage muss natürlich an erster Stelle stehen und beantwortet werden. Schließlich hast du dich entschlossen, dieses Buch zu Rate zu ziehen.

Es ist wohl der naheliegendste Schritt überhaupt, zunächst selbst etwas zu versuchen. Ich bin absolut überzeugt, dass du selbst Vieles (!) tun kannst, um deine Befindlichkeit, ein Leiden oder eine Situation zu verbessern. Vielleicht folgst du mir, wenn ich nun ein paar Argumente anführe, *warum* wir beide berechtigterweise optimistisch sein können!

Es gibt kluge Leute, die sagen, dass *Vergessen* eine der wichtigsten menschlichen Eigenschaften ist, und tatsächlich können wir uns an so Vieles nicht mehr erinnern, was wir in den bisherigen Lebensjahren erlebt und erfahren haben. *Warum aber sollte Vergessen so toll sein?* Ehrlich gesagt, ich möchte auch nicht dauernd auf alle negativen Ereignisse stoßen, die mir im Laufe der Jahre passiert sind, oder die ich mit ansehen musste. Egal, ob es Banalitäten waren oder gravierende Ereignisse (worüber ich mich geärgert habe), manchmal waren es Verluste von Menschen (die mich traurig machten), manchmal Misserfolge (für die ich mich schämte), manchmal Verletzungen (welche schmerzten), usw. Ich konnte Vieles davon vergessen, es belastet mich nicht mehr direkt und es gibt mir damit den Weg frei, optimistisch nach vorne zu blicken.

Manches Mal wäre es aber besser, sich zu erinnern: Nämlich daran, *was du selbst bereits geleistet und geschafft hast* (Lach nicht gleich drüber! Warte ab). Du musst nur weit genug zurück gehen: Gehen und Sprechen hast du gelernt; Du hast gelernt, dass manches Mal die Suppe zu heiß ist, um sie gleich zu essen, dass du dich im Winter wärmer anziehen solltest, dass bergauf zu gehen anstrengender ist als bergab und dass du kein zweites Mal auf die heiße Herdplatte greifst. Du weißt auch ohne Uhr, wann ungefähr eine Stunde vergangen ist, wie laut du rufen musst, dass dich dein Freund in 30 Metern Entfernung verstehen kann, wie oft du etwas wiederholen musst, bis du es auswendig weißt, oder noch besser: Techniken, mit denen du einen Text schneller lernst; Vielleicht kannst du eine Fremdsprache verstehen; Wahrscheinlich hast du ein umfangreiches Wissen und kennst Städte, Länder und weißt wo diese liegen; Vielleicht kannst du auf einer winzigen Tastatur SMS eintippen, Internet-Surfen, Schifahren, ein wenig Kochen, mit deinem Geld haushalten, ein Geburtstagsfest planen, und, und, und …

Nochmals: Tausenderlei hast du erlernt – *es ist bloß alles so selbstverständlich geworden* – und darum tust du gut daran, dich daran zu erinnern. Kleine Schritte, mehrere Versuche, gelegentliche Rückschläge, aber: Immer du, und immer etwas Neues oder Besseres - als Ergänzung des bereits Vorhandenen. Sind das nicht Gründe genug, um optimistisch zu sein, dass auch weiterhin neue Erfahrungen oder Änderungen bereits eingeschlagener Bahnen möglich sind?

Jetzt habe ich erst wichtige und notwendige Lernprozesse angesprochen. Dazu kommen natürlich noch die vielen schönen Stunden und Tage (Sonnentage am Strand, Neuschnee, Filme, Musik, attraktive Menschen, etc.), die dir im im Laufe des Lebens untergekommen sind. Das ist eigentlich ein gewaltiger Schatz, den wir oft zu leichtfertig beiseite legen.

Nun: Der Mensch ist fürs Lernen biologisch hervorragend ausgestattet, denn, wer im Zuge der Evolution nicht dazulernen konnte, kam bald unter die Räder. Schon sehr früh musste der Mensch giftige bzw. gefährliche Tiere von ungefährlichen unterscheiden lernen, und wer die Gefahren früher und schneller erkennen konnte, hatte bessere Karten. Aber auch wer kreativere Lösungen fand, …

Alles, was ich bisher angeführt habe, hat ganz wenig mit schulischem Lernen zu tun - ist aber trotzdem Lernen.

Wir sind noch nicht am Ende: Wie man sich am besten *Neuem* zuwendet - das braucht Überlegungen, ein wenig Mühe und Findigkeit. *Das Um und Auf aber ist, dass ich bereit bin, mich wirklich auf Neues einzulassen, Neues anzunehmen.*

Sich selbst therapieren heißt nun einmal: Sich selbst verändern. *Ohne Veränderung gibt es keinen therapeutischen Fortschritt.*

Es ist natürlich richtig, dass manche Menschen bessere Bedingungen vorfinden als andere (Achtung: Ist es wirklich „natürlich" richtig? Das sollte man einmal gründlich hinterfragen.) Wir werden im Laufe der Lektüre bestimmt noch darauf treffen!

Vom Automaten zum autonomen Menschen

Da nun feststeht, dass der Mensch sich selbst beeinflussen kann, schließt sich zwingend die Frage an, *wie das nun gehen könnte und was du alleine schaffen kannst?*

In der Tat sind wir ziemlich perfekt funktionierende „Alltags-Automaten" (du kannst es natürlich auch „Routine" nennen, aber ich finde die Automaten-Analogie besser). In der Tat funktionieren wir oft hervorragend, und das *ohne viel zu denken:*

Da wird im Auto automatisch die Kupplung gedrückt, den Lieblings-Fernsehkanal finden wir auswendig und die Pizza wird in 5 Minuten verdrückt, obwohl ich gleichzeitig die Zeitung lese. Glaubst du ein Sportler berechnet die Flugbahn des Balles bevor er schießt? Oder der Abfahrer denkt nach über die Fliehkraft (korrigiert mit Gegenwind, Kantenreibung ...), ehe er sich in Kitzbühel die Streif hinunterstürzt? Der Lichtschalter ist halbhoch links, die Zahnbürste rechts im Becher ... Was habe ich zu tun, wenn die Ampel auf rot steht?

Du siehst, es ist *gut und schlecht gleichzeitig,* dass mein Verhalten automatisiert ist. Es spart Zeit und Energie (das Gehirn verbraucht eine erhebliche Menge davon!) und verringert die Fehlerquote.

Beinahe mein gesamtes Tun ist automatisiert. Und (ganz wichtig): *auch mein Denken!* Viele würden dieses bestreiten. Kleiner Versuch: Wieviel ist 3 x 7? Wenn du jetzt antwortest „21", hast du das überlegt und bedacht? Ganz bestimmt nicht: *Es ist automatisiert* bereits vorhanden. Und jetzt wirst du vielleicht sagen: „Das ist ja trivial."

Es ist aber plötzlich nicht mehr trivial, wenn du überlegst, dass auch zahlreiche andere Gedanken automatisiert sind, z.B.:

„Ich schaffe das nie."

„Bitte ein Bier."

„Steffen ist ein öder Typ."

Wenn du denkst „Ampel" - dann denken 99 % der Menschen „rot" oder „grün", wenn man in der alten DDR dachte: „Hammer", dann dachte das alte DDR-Hirn automatisch auch „Sichel". So ist das menschliche Gehirn eben.

Das ist noch nicht das Ende: Diese automatischen Assoziationen gehen weiter - *es wird eine ganze Kette daraus.* Und das *zieht Gefühle nach sich:*

Also Fortsetzung: Wenn du denkst „Ich schaffe das nie", dann kommst du in welche Gefühlslage? (Bitte selbst beantworten und weiterdenken). Viele fühlen sich dann hilflos, beschissen, andere resignieren ... Und diese Gefühlslage löst wiederum etwas aus? ...

Das *beste Beispiel einer positiven und komplexen* Automatisierung ist für mich eine Beethoven-Sonate am Klavier.

Das meine ich mit ´Automat`. Einverstanden?

Es gibt übrigens einen guten Test zu sehen, ob etwas automatisch abläuft: *Wenn die Routine gestört wird!* Dann bekommen wir ein Problem! Ein plötzlich vor dir stehendes Schild mit „Umleitung" drauf; Oder: Du kannst deine liebsten Anrufe nicht tätigen, weil das Smartphone gerade nicht auffindbar ist; Oder: Deine rechte Hand steckt im Gips, oder ...

Demnach ist *die wichtigste Regel* meiner Meinung nach:
Du, ich, wir alle – sollen wieder bewusster handeln!

Du kannst gleich damit beginnen: *Genauer hinsehen*, z.B. auf die alten Hausfassaden, an denen wir täglich vorbeihetzen; bewusster schmecken, welche Kräuter in der Suppe sind; einen Stopp einlegen, bevor du das nächste Glas Wein bestellst; vor dem Wutausbruch nachdenken, ob du nicht doch traurig wärst, wenn dich die Freundin verließe, etc. ...

In den letzten Jahren setzte sich auch in unseren Breiten das „Achtsamkeitstraining" durch, das aus dem Buddhismus abgeleitet und von dort übernommen wurde. Du konzentrierst dich dabei meditativ auf den eigenen Körper, den eigenen Atem, und wendest deine Sinne einfachen Gegenständen und Geräuschen zu. Blind ertastest du (z.B.) die Oberfläche einer Orange, hörst auf die ausklingenden Schwingungen einer Glocke, usw. Es gibt eigentlich nur positive Erfahrungen damit (Vielleicht schaust du einmal im Netz, ob in deiner Nähe ein solches Seminar angeboten wird).

Der (Haupt-)Effekt dabei ist meines Erachtens der, dass du aus der 'Automatisierung' aussteigst und wieder bewusster wirst, bewusster wahrnimmst, alle Sinne trainierst - die in unserer lauten Welt zunehmend überfordert werden. Stichworte dazu: Ständige Begleitmusik in der Einkaufs-Mall, Geschmacksverstärker im Essen, ...

Abbildung 1:
Was kannst du im Leben Schöneres erreichen, als die wahre Harmonie -
Du im Einklang mit den anderen und mit dir selbst..

Aus jeder Situation kannst du einen Nutzen ziehen

Dies schließt an das eben abgehandelte Thema zur „Automatisierung" perfekt an, denn gegenüber den meisten Dingen des Alltags sind wir reichlich abgestumpft.

Dabei ist unser Alltag so vielfältig und abwechslungsreich, dass ich daraus immer etwas brauchen und „mitnehmen" kann. Genau genommen: *Unser Alltag bietet eigentlich alles „Lebensnotwendige" um in genau dieser Gesellschaft zu überleben.*

Nur ein paar Beispiele sollen dir zeigen, wie vielfältig das „Angebot" aus unserer Umgebung ist. Ich selbst hatte einen Freund mit einem etwas älteren Bruder, *den ich genau beobachtete.* Und so wusste ich, in welchem Alter es Zeit war mit Mädchen zu knutschen, wann es Zeit war, beim Lernen auf eine Prüfung richtig Gas zu geben, oder von zu Hause auszuziehen - und wie er einen kleinen Haushalt führte ...

Und, so wie ich den Bruder meines Freundes beobachtete, so sehen wir in jedem guten oder schlechten Film, wie andere sich in Gruppen, in Zweierbeziehungen, auf Ämtern, im Beruf, in Restaurants usw. verhalten. Ein großer Teil unserer Sozialisation passiert nämlich durch *Beobachten und Nachmachen* – oder wie es die „Psychos" gerne bezeichnen: durch *Imitation.*

Was nicht beobachtbar ist, das könnte ich *selbst einfach ausprobieren.* Manchmal bin ich damit erfolgreich, manchmal werde ich scheitern (und versuche es dann ein zweites Mal). *Jetzt bist du dran:* Was hast du selbst entdeckt oder gelernt durch Ausprobieren? Gitarren-Akkorde? Hast du ein Computer-Programm „durchschaut"? Schwimmen gelernt? Radfahren ... ?

Aber auch im Umgang mit Freunden: Vielleicht bist du einmal zu forsch, ein anderes Mal zu ängstlich, zu laut, zu aufdringlich, zu besoffen (!?), zu wählerisch ... gewesen? Wir bekommen dann die Rechnung präsentiert oder, wie man es auch nennt: Eine entsprechende

Rückmeldung. Jetzt liegt es an uns, aus der Schlappe oder aus dem Erfolg zu lernen. So geht's, bzw. so geht's nicht!

Ein Beispiel für eine völlig andere Art des Lernens zeigte uns IKEA: Der Erfolg von IKEA lag einerseits im Design und im Preis, letzterer aber war nur zu halten durch *präzise Anleitungen* für die Käufer, z.B. wie man selbst seinen Schrank zusammenschrauben kann. Das ist es: Eine *genaue Instruktion* kann ebenfalls zum Ziel führen. Instruktionen erhalten wir in den meisten Fällen von Eltern, Ausbildnern oder Lehrern. „Links blinken, dann mit dem rechten Fuß leicht Gas geben". So war das, in der Fahrschule!

Wenn ich entscheiden müsste, welches *der interessanteste Beitrag* zur menschlichen Entwicklung ist, dann würde ich auf den *kreativen Versuch* setzen. Wie ein Koch in der Spitzengastronomie versucht Neues mit Neuem zu kombinieren (und schließlich seinem Gericht auch noch einen pfiffigen Namen gibt), so arbeiten auch *Entdecker und Wissenschaftler.* Wir gehen aus von einer Problemstellung (Was möchte ich gerne wissen oder können?); dann suchen wir nach einer Lösung und überprüfen, ob unsere Lösung auch wirklich Bestand hat. Natürlich sollten meine Versuche nicht zu riskant sein (für die Gesundheit, aber auch im Hinblick auf anfallende finanzielle Kosten). Ist denn jeder Mensch ein Wissenschaftler? Warum nicht: *Im eigenen Interesse!*

Nun weiter. Du könntest deine Freunde mit einem verrückten Salatdressing überraschen, oder ein eigenes Lesepult basteln. Und jetzt kommt es: Es geht nicht wirklich ums Lesepult oder das Dressing selbst, sondern darum, *dass du versuchst die ausgelatschten Wege zu verlassen bzw. Neues auszuprobieren.* Auf diese Weise beginnst du, nicht mehr den anderen nachzulaufen, sondern *selbst den Takt zu schlagen!* Ich könnte jetzt ganz pathetisch sagen: *Du beginnst, das Leben in die Hand zu nehmen.*

Natürlich lernen wir auch durch *Erfolgserlebnisse.* Das dürfte bekannt sein. Weniger bekannt ist Folgendes: (Depressive) Menschen lehnen den Erfolg oft innerlich ab. Der erste Schritt muss also darin bestehen, einen *Erfolg zu akzeptieren!* Der große Meister der Abwehr sagt: „Das war doch nichts Besonderes, das kann doch jeder!" Auf diese Weise bringen wir uns natürlich um jede positive Rückmeldung und Zuwendung.

Abbildung 2:
Der Mensch wird geformt und formt sich selbst.
Niemand wird als Tempeltänzerin geboren. Aus Zuwendung, Verletzungen und der eigenen Suche nach dem richtigen Weg entwickelt sich die Persönlichkeit, mit ihren Grundängsten, Fertigkeiten und Hoffnungen.

Das Leben ist ein Kinderspiel. Das stimmt: allerdings nur für ein Kind! Wie nebenbei nehmen Kinder Dinge auf: Hören - Sehen - und Nachplappern. Bis sie dann als Erwachsene feststellen: Dort und da läuft es nicht wirklich rund. Hier fehlt etwas, andere machen es vielleicht geschickter. Im Erwachsenenalter beginnt der Feinschliff: *Aus-*

bessern und Ergänzen. Die Voraussetzungen dafür sind gut, denn als Erwachsener lernst du *überlegter, gezielter, und du weißt auch wofür.*

Bist du dir klar über deine Ziele, und bist du motiviert etwas zu verändern? Dann kann es losgehen.

Sowohl die erhöhte Achtsamkeit, als auch die reflektierte Zuwendung zu Lerngelegenheiten und -prozessen sollten sich über eine bessere Abspeicherung in lebhafteren Erinnerungen niederschlagen. Erinnerungen sind es schließlich, auf die wir ständig zugreifen, und die damit zu einem erheblichen Teil für unser Wohlbefinden verantwortlich sind.

Problem Nummer eins: Das Ziel

Hier sind noch ein paar Worte zum Konzept des Buches notwendig: Der Schreiner hat die Beherrschung von Säge und Hobel gelernt. Mit diesem *Werkzeug* kann er nun jedes Holzstück bearbeiten, und Vielerlei herstellen: egal ob Tisch oder Bank.

Dasselbe versuche ich: Hier findest du Vieles über seelische Prozesse – damit solltest du ebenfalls *ein Werkzeug* in die Hand bekommen: Nicht nur für die „Behandlung" psychischer Probleme, *die im Laufe eines Lebens auf dich* (wie auf jeden von uns) *zukommen,* sondern für die Befähigung zu einer *besseren Steuerung* - und damit zu einer *befriedigenderen Lebensführung.*

... und schon stottert der Motor ... was eigentlich ist mein Ziel? (Daher: Es ist „das Problem # 1")

Punktuell ist es oft kein Problem: Habe ich Hunger, Schmerzen, oder bin ich müde, dann ... easy.

Schwieriger ist es aber, wenn ich das Problem nicht so klar vor Augen habe - nicht wie Hunger oder Zahnweh - sondern eine Orientierungslosigkeit, eine allgemeine Unzufriedenheit, Rastlosigkeit, allgemeine Schwermut, ein „finsteres Loch" ... Not so easy.

Zunächst einmal möchte ich festhalten, warum ich lieber das Wort „Ziel" als den viel besser klingenden „Sinn des Lebens" verwende. Der „Sinn des Lebens" suggeriert, dass es, ausser dem „biologischen Sinn" des Überlebens bzw. der Reproduktion des Lebens, noch einen ´eigenständigen´ bzw. ´unabhängigen´ Sinn gibt. Das ist natürlich höchst philosophisch und weltanschaulich gedacht. Hier muss ich passen, gestehe ich, und ich möchte auch niemandes „Kreise stören."

Ich bevorzuge daher das „pragmatischere" Ziel. In meinen Augen enthält die Vorstellung von „Ziel" mehr die Möglichkeit einer individuellen Zielformulierung und (zweitens) eine erhöhte Eigenverantwortlichkeit in der Realisierung dieser Ziele.

Im Gegensatz dazu würde der „Sinn des Lebens" - wie das Wort selbst schon sagt, postulieren, dass dem „Leben" selbst ein weiterer „Sinn" innewohnt (außer dem, den ich vorher erwähnt habe). Wenn dem so ist, dann wäre dieser eine „Schicht höher" anzusiedeln. Dafür bin ich nicht zuständig, und es würde den Rahmen dieses Büchleins sprengen.

Möchte man meine Position dennoch benennen, dann am ehesten mit „existentialistisch": Nun bin ich schon hier ... also mach was aus dem Leben.

Zurück.

Wenn ich schon nicht die Beseitigung konkreter Sorgen und Zustände (z.B. einer Depression) zum Ziel habe, dann werden andere Inhalte dafür in den Vordergrund rücken. Es ist beeindruckend, wie häufig Künstler schon von Kindheit an wissen, was sie werden wollen. Anderen wurde/wird es durch Eltern vermittelt („Am Besten, du wirst Juristin"; „Du wirst einmal meine Arztpraxis übernehmen"). Diese Menschen haben es scheinbar leichter, es besteht allerdings das erhöhte Risiko, nicht eigene Ziele zu verfolgen, sondern *die Bedürfnisse anderer Menschen* zu verwirklichen.

Selbst Lebensinhalte zu finden, die einem über längere Zeiträume hinweg eine entsprechende Befriedigung gewährleisten, ist oft schwierig und für nicht wenige Menschen eine große Belastung und mit Krisen verbunden. Wir werden noch verschiedentlich darauf zurück kommen.

DAS MENSCHLICHE DASEIN

Ein Lebensmotto steht über jedem!

Wenn du einen Stein in einen stillen Bergsee wirfst, dann setzen sich die Kreise von der Mitte weg nach außen hin fort, bis sie sich verlieren.

So etwa könnte man den Menschen sehen: Der Mensch ist ein egozentrisches Wesen. Jede/r fühlt sich als Mittelpunkt der Welt und blickt von hier auf die Ränder der Welt hinaus.

Anhand dieser *konzentrischen Kreise* kann man sich gut vorstellen, wie man beginnt, die Welt zu sehen. Und so kommt es, dass mir *meine* Eifersucht größere Pein verursacht, als zweihunderttausend Tsunami-Tote in Südostasien. Aufgepasst: Das ist kein Vorwurf, es zeigt nur, wie wir Menschen ticken. *Dein Nachbar glaubt nämlich ebenfalls, dass seine Sorgen die allergrößten sind* - und wenn es sich nur um eine neu entdeckte Falte im Gesicht handelt. Ich selbst bin mir der Wichtigste: Mein Liebeskummer ist kein Liebeskummer wie der aller Anderen, sondern fast ein Weltuntergang. Nach mir kommen dann meine Familie, meine Freunde, mein Land ...

Und weil wir so „egozentrisch" gebaut sind, merken wir oft gar nicht, dass es sich lediglich um ganz private, individuelle Sichtweisen handelt. Es ist sehr schwer zu verstehen (Eigentlich müsste man sagen: zu akzeptieren!), dass andere Menschen die Welt auch von sich aus betrachten – und damit natürlich völlig anders als ich sehen. Erst erstaunlich spät im Leben merken wir, welchem Fehler wir dabei aufsitzen. Ich habe mein Leid, meine Beurteilung der Welt. Die Anderen? Na ja - die mussten eben nicht erleben, was ich erlebt habe!

Versuche gelegentlich, diese selbstzentrierte Sichtweise vorsichtig und probeweise abzulegen, und dich in eine andere Person zu versetzen. *Wie würde diese andere Person* deine Position, deinen Konflikt, *dein Leid* sehen? Keine Angst: Eine völlige Aufgabe bzw. Verlust des Ich-Standpunktes ist weder erwünscht noch dauerhaft möglich (Spätestens schwerer körperlicher Schmerz holt dich sofort zurück in dein „Ich").

Bei diesen *unterschiedlichen „Sichtweisen"* bzw. Perspektiven handelt es sich aber nicht nur um Lappalien - es geht um *die grundlegendste* aller seelischen Positionen selbst:
Wie stehe ich der Welt gegenüber?

Tatsächlich meine ich hier unsere Welt, also meine Existenz auf dieser Erde und innerhalb der Gesellschaft. Interessanterweise zeichnen sich recht *unterschiedliche Typen* ab, wie man „Welt" sehen kann. Würdest du mir zustimmen, dass es Menschen gibt, *die die ganze Welt als feindselig betrachten?* (Jeder ist ein potentieller Betrüger, und jeder lauert nur darauf, dass du einen Fehler machst!)

Es geht aber auch anders: Es gibt Menschen, die erleben ihr *Dasein als ziemlich regelloses Spiel.* Sie gewinnen und verlieren. Sie lachen, „mischen neu" und versuchen es wieder. Dazu gehören nicht nur „der lockere Aufriss", sondern auch der unbeschwerte wirtschaftliche Konkurs.

Und wiederum andere leben in einem *permanenten Jammertal:* Kaum ist das Fieber weg, heißt es schon wieder zur Arbeit gehen, und willst du mit Kevin etwas für den Abend ausmachen, dann ist er nicht erreichbar. Morgen geht dann die ganze Mühsal weiter: Kunden, die dich anglotzen, und du sollst durchhalten, obwohl du völlig groggy bist ... !

Es gibt natürlich noch mehrere dieser Einstellungen. Ja: *Einstellung zum Leben,* das ist ein guter Begriff. In der psychologischen Wissenschaft hat sich mittlerweile der Begriff *Schema* durchgesetzt. Der steht auch für diese *sehr allgemeinen, generalisierten Haltungen* der Lebenswelt gegenüber.

Nicht sehr verwunderlich, entstehen solche grundlegenden Schemata sehr früh in unserem Leben. Zufällig erlittene Traumata, ein sich ständig wiederholender Erziehungsstil, eigene Anpassungsleistungen – das ist der Boden, auf dem Schemata wachsen.

Es ist kein Spiel: Der Mensch im permanenten Jammertal *erlebt sich tatsächlich so.* Alles was er wahrnimmt bestätigt nur seine Vorannahmen. Immer wieder. Und sollte etwas passieren, was die Vorannahmen widerlegt, dann wird das in das unendliche „Reich des Zufalls" abgeschoben.

Ich habe diese Typen oben nur kurz skizziert um zu erläutern, worum es mir geht. Nachstehend folgen weitere Typen – etwas ausführlicher zwar, aber auch diese Darstellungen können nicht allumfassend sein – es gibt noch mehr. Ich werde sie dir nun vorstellen. Ich nenne sie: Argola, Thomtom, „Er", Pronto und Queeni (Seltsame Namen? So viel Freiheit muss sein!)

Um dich selbst kennenzulernen musst du herausfinden, *welcher Typ du bist* oder, mit anderen Worten: *Wie du der Welt gegenüber stehst.* Wenn du in die Lage kommst, dies zu erkennen, dann wird es dir auch möglich sein, mit einem Schmunzeln gelegentlich Anderes auszuprobieren. Und wenn du diese Aufgabe geschafft hast, dann könntest du auch gleich versuchen, folgende Fragen zu beantworten:

Welcher Typ (bzw. welches „Schema") ist der „richtige"?
Kann man „seinen" Typ wechseln?

Nur den Kopf nicht rausstecken

Typ Argola: Vorsichtig Spazierengehen

Argola, meine Nachbarin zur Rechten, hat Ernst, meinen Nachbarn zur Linken geheiratet. Eine Jugendliebe. Da wir drei als Nachbarskinder quasi gemeinsam aufgewachsen sind, sollte ich etwas mehr über Argola wissen. Trotzdem weiß ich recht wenig von ihr. Sie war wirklich nett, wahrscheinlich anständig, fürsorglich, freundlich. Unser Kontakt ist irgendwie eingeschlafen. Sie sieht aber immer noch gut aus.

Zwei Dinge blieben mir in Erinnerung: Dass sie mich in der Schule nie abschreiben ließ und dass sie sich selbst das Schneidern beibrachte, „da man so etwas mit Kindern immer brauchen könne und man außerdem nicht wisse, wie die Zeiten würden" … Nie zu lange ausbleiben (jedenfalls noch bei Tageslicht nach Hause kommen), nie zu laut reden (wer weiß schon, wer mithört?). Ich glaube nicht, dass sie sich jemals ein Bein gebrochen hat, und ich möchte schwören, dass nicht einmal ein Regenguss sie überraschen konnte.

Und: „Sie war schon immer so". Diesen Satz kenne ich von ihrer Mutter. Immer vorsichtig, immer gut vorbereitet auf alle Eventualitäten: Kuchen für den Überraschungsbesuch, Kerzen für den Stromausfall, Krankenschein in der Schublade … Ja, das ist Argola, leicht ängstlich, aber alles unter Kontrolle. Auch ihren Mann.

Anhand dieser Beschreibung (und der noch folgenden) kannst du dich jetzt fragen: Wie geht es weiter mit „Argola"? Was findest du selbst gut/ungünstig an ihr? Was habt ihr beide gemeinsam? Was würdest du ihr raten zu verändern? Wie geht es anderen mit so einem Menschen? Ist sie/wird sie glücklich? Wird sie sich eines Tages einen Joint anzünden und auf ihrer Harley Davidson nach Süden ziehen?

Das Leben ist eine Schinderei

Typ Thomtom: Immer zwei Zementsäcke gleichzeitig

Nicht schlecht - aber auch nicht ganz gut - hat es Thomtom er-
wischt; Meiner Einschätzung nach. Ein guter Kerl, ein fleißiger
Mensch, der für seine Freunde, seine Familie und im Beruf alles gibt.
Die Rolle des „neuen Mannes" hat er gerne angenommen. Bringt das
Kind hin, holt das Kind, kocht, bügelt, putzt, kauft ein. Der „Burschi"
hängt an ihm, Thomtom am Burschi, und an seiner Frau. Nur ein paar
Jahre, dann wird's leichter, sagt er sich. Immer wieder. Und die Zeit
verfliegt ohnedies wie im Wind.

Abbildung 3:
Die selbstbewusste Persönlichkeit. Sie spürt das Wie, Wo und Wozu.
Und gerade deswegen ist sie, wie sie ist: Einzigartig und schön.

In der Klinik arbeitet er als diplomierter Krankenpfleger: Ob seiner eher massigen Körperform wird er gerne Rambo gerufen; Immer dann, wenn es darum geht, Patienten zu heben. Er lächelt in sich hinein, weil er weiß, was nur er weiß: Um nur ja nicht als zu fett zu gelten gibt er gerne den ´Athletischen´, macht auf muskulös, was er gar nicht ist. Und so einer muss halt heben und stemmen. Aus dieser Not machte Thomtom eine Tugend: Wenn schon hart kneten, dann soll es Sinn machen: Abendkurs, Ausbildung zum Masseur. Den Kurs konnte er zwar nicht abschließen – weil er nun tatsächlich nicht so kräftig war, wie ihn die anderen einschätzten, aber vor allen Dingen: Weil nun Burschi da war.

Burschi, Marianne und Thomtom: Familie, Alltag und Zukunft. Wie man sich bettet, so liegt man! Der besorgte Blick in die Zukunft: Häuschen mit Garten, Gesundheit, Absicherung.

Kleine Nebenjobs bringen erst die Butter aufs Brot (Hier geht's zwar um Thomtom, aber selbstverständlich sorgt auch Marianne auf ihre Weise: Bäckt selbst das Brot. Gärtchen gibt es zwar noch keines, aber umso mehr: Gesund leben ist aufwändig!). Einen Versuch mit nebenberuflichen Ärztebesuchen als Vertreter für eine kleine Pharmafirma gab Thomtom wieder auf, obwohl es ganz gut lief: Kompetente Gesprächspartner waren das, und „unterm Strich" blieb sogar ein Bisschen was über. Bloß war er zu viel weg von daheim, und es ließ sich zeitlich doch nicht ganz mit seinem Hauptberuf vereinbaren. Im Augenblick beginnt er eine „kleine aber feine" Produktion von Holzspielzeug. Selbst entworfen, selbst gebastelt, selbst verkauft. Im Wohnzimmer, am Abend …

Auch hilft er häufiger bei einer entfernten Verwandten aus, deren Mann vor einem Jahr an einem Schlaganfall verstorben ist. Jetzt aber soll es bald ernst werden mit dem eigenen Haus. Etwas Passendes habe er schon ausgemacht: Ein wenig abseits gelegen zwar, ein noch nicht ganz fertiges …

Das ist Thomtom heute. Vielleicht ahnst du schon, wo er in zwanzig Jahren steht?

Thomtom muss in direkter Linie mit Sisyphos verwandt sein. Bei diesem griechischen Vorfahren wurde auch nie geklärt, ob es sich bei seiner ewigen Schinderei um eine Strafe handelt.

Und vor allem: Strafe wofür?

Was ist das Ziel von Thomtom, und wann wird er dort ankommen? Muss man ewig im Kreis gehen? Hättest du Vorschläge für ihn? Was macht er richtig, was falsch? Könntest du dir Gründe vorstellen, warum er sich so verhält?

Die Welt gehört den Anderen

Typ „Er": Das ist nicht meine Welt

Ich habe nie erfahren, wie dieser nette junge Mann heißt, der beim Italiener den anderen Gästen die Türe aufhielt, bevor er schließlich selbst hinein ging. Die soeben Gekommenen machten sich sofort am letzten noch freien Tisch breit. „Er" – in Ermangelung des Namens nenne ich ihn halt so - „Er" gehörte nicht zu dieser Gruppe und sucht sich jetzt ein anderes Lokal. Da er einen Schirm dabei hat, stört ihn auch der Regen nicht wirklich.

„Er" ist wirklich nicht anspruchsvoll und beklagt sich auch nicht. Trotzdem wäre es anständig gewesen, hätte man ihn eingeladen, die Leitung der neu eingerichteten Arbeitsgruppe „Komplettschutz im Gastland" zu übernehmen. Mit diesem neu zu entwickelnden Versicherungs-Produkt sollen Touristen in einem Urlaubsland mit einem einzigen Pauschalbetrag sämtliche Risiken abdecken können – und damit das mühsame Puzzle – Neubeschaffung des geklauten Führerscheins, Kranken-Heimtransport, Selbstbehalt beim Mietwagen, notwendige Umbuchungen „und alles Weitere" auf einmal lösen … Es sollte ein Knüller werden. Eines aber ist klar: Wer einmal zum Leiter der Arbeitsgruppe ernannt wird, ist auch der zukünftige Abteilungsleiter (d.h. „Er" bestimmt nicht!)

So ein Pech. Hatte er schon mehrfach. Und von da her kennt er das Gefühl schon ganz gut: Die anderen drängen sich vor, und du erntest die Brotkrümel. Also, gefragt, wenn man ihn wenigstens hätte. Das wäre nett gewesen. Eine Geste, wenigstens.

Der letzte Hammer traf ihn vor Kurzem: Rosalie gestand ihm, dass sie eigentlich lieber ihn geheiratet hätte (und nicht den Anwalt, der sie jetzt beim Frühstück anglotzt: „… mit seinen Paragraphenaugen".) Rosalie: „Aber du hast dich nie gerührt!" „Er:" „Wenn ich das gewusst hätte …" Er war überzeugt davon, dass reichlich Anwärter Schlange stehen. Naja, vergeigt, wie man so sagt. Es hat ihn trotzdem gefreut, dass Rosalie lieber ihn gehabt hätte … Und so gibt es eben Menschen, die letztlich glücklich sind, nur knapp zu verlieren. Manchmal ist es halt wie verhext.

Nicht nur manchmal, scheinbar jedes Mal. In der Psychologie gibt es dafür den Begriff des „Wiederholungszwanges": Immer das gleiche Muster. Aber genau diese gleichbleibend vorkommenden „Muster" sind es, die einen *Persönlichkeitstyp* ausmachen.

Die Psychologie bemüht sich schon seit Anbeginn solche Typen zu ermitteln und kommt zu recht unterschiedlichen Ergebnissen: Je nachdem, auf welche Eigenschaften man schaut, und wieviele solcher Kategorien bzw. Typen man zu erfassen trachtet. Bildet man weniger „Typen", dann werden diese Kategorien natürlich etwas breiter bzw. umfassender sein. Bildet man hingegen viele Typen, dann werden diese spezifischer.

Grundsätzlich ist es zunächst nicht wirklich wichtig, welche Typen es gibt (bzw. zu welchem Typ du gehörst). Es sei denn, man findet konkrete Bedingungen (Hormone, Erziehungsmethoden …) die verantwortlich sind, dass Typ A, B oder C daraus resultiert. Dann könnte es sogar sehr relevant werden.

Natürlich macht es auch im Alltag einen Unterschied, was für ein Mensch du bist: Ein sozial ängstlicher Mensch sollte vielleicht nicht Schauspieler werden, und jemand, der kein Blut sehen kann nicht Chirurg. Aber mit ein bisschen „Hinschauen" können auch Nicht-Psychologen solche Zusammenhänge erkennen.

Beste Aussichten!

Typ Pronto: Der Wellenreiter

Mit Pronto verbrachte ich in meinem ganzen Leben nur knappe sechzig Stunden. Er überstellte – schon ab Philadelphia – ein Auto und nahm mich als Autostopper mit, von Salt Lake City nach San Francisco. In „San Fran" würde er sich entweder wieder ein Auto suchen, Richtung Süden, oder selbst per Autostopp weiter ziehen. Sein Ziel wäre Peru, wo er aus den Häuten ungeborener Ziegen Buchumschläge herstellen würde („Mit irgendeiner romantischen Geschenksprägung") um sie in Deutschland zu verkaufen.

Nein, er war nicht auf der Flucht, nicht einmal vor sich. Pronto sprach jetzt schon vier Fremdsprachen mehr oder weniger fließend. Schreiner hätte er gelernt, was er später machen würde steht noch nicht fest.

Irgendwo angekommen, gesellte er sich zu den anderen. Machte mit, half mit, probierte aus, fragte nach, lachte und liebte, tauschte Adressen aus, und – blieb auch mit mir in Kontakt („Grüße aus Sidney! Dein P.").

Der eine sagt: Ein sympathischer Mensch, der andere sagt: Was für ein zügelloser, selbstsüchtiger, ... keine Verantwortung übernimmt er ...

Eine Person (ein Typ) sein, und von jemand anderem beurteilt werden, sind eben zwei verschiedene Dinge. Und damit kommen wir natürlich nie zu einem „Richtig" oder „Falsch".

Wie Opfer sich wehren

Typ Queeni: Queeni ziert sich

Wer ist süßer, als Queeni? Die Boys versuchen alles. Jeder mit seinem Dreh – der eine hat die Elvis-Tolle, der andere ein Skateboard, der dritte die Stromgitarre, der vierte kennt ca. 10.000 Witze, der fünfte ist katholisch – mitten im Protestantenland, der sechste ist Vorzeigestudent, der siebte …

Keiner kam auch nur einen Schritt weiter bei ihr! Niemand weiß, ob sie „einen hat" oder nicht. Nur eines sickerte durch: Queeni wurde ver-

Abbildung 4:
Intelligent, schön, in der „Auslage": Aber nie greifbar.
Verletzt oder schüchtern? Wer weiß das schon?

gewaltigt - „früher". Genaueres weiß man nicht, sie erzählt nie. Aber sie wurde vorsichtig und „... würde es„ – so ihre Worte – „nie mehr ´heraus´ bekommen." Jetzt versteht man schon eher, warum sie nicht „einsteigt" und nicht „mitfährt", oder auch: Warum sie Pläne hat für ein kleines, eigenes Unternehmen. „Ich brauche niemanden." Und ich glaube es ihr aufs Wort.

Mit dieser Beschreibung wird *suggeriert*, dass Queeni aufgrund einer Vergewaltigung so wurde, wie sie ist. Beweise dafür haben wir keine. Was wäre aus Queeni geworden, wäre es nicht passiert? Hätte sie andere Wege einschlagen können? Ist sie glücklicher/unglücklicher als die anderen „Typen", die wir kennengelernt haben. Was ist ein Trauma? Bedeutet ein Trauma für jede/n dasselbe? Was folgert daraus?

Sich finden

Jetzt wurden es fünf Stories. Ist auch egal, es könnten auch zehn oder zwanzig verschiedene „Typen" sein. Nochmals: Es ist hier davon die Rede, wie Menschen der Welt gegenüber stehen. Das ist wohl die allgemeinste Art und Weise eines Denkschemas. „Schemata" sind kognitiv-emotionale Grundmuster – genährt aus Erlebnissen, Erfahrungen, Gefühlen und Überlegungen, die von bewusst bis unbewusst reichen können. Die Verarbeitung solcher (negativer und positiver) Ereignisse könnte man auch als Anpassungsversuch deuten: Abgeschliffen an der sie umgebenden Wirklichkeit.

Sind dir noch weitere Typen eingefallen? Hast du deinen eigenen Typ schon entdeckt? bzw. die zwei Fragen schon beantwortet?

Ich hoffe, du hast an den Beispielen sehen können, wie dich ein einmal erworbenes Schema ein ganzes Leben lang begleiten kann. Was du sicher auch entdeckt hast: Dass man eventuell auch „anders" sein könnte!

Schemata/Typus ist kein Schicksal!

Und immer schön höflich !

„Danke, nach Ihnen," „Danke, ich kann auch den nächsten Lift neh-men," „Aber das macht doch nichts, nur weil es ein Bisschen ange-brannt ist," „Mich stört das überhaupt nicht, rauchen Sie nur ruhig Ihre Zigarre fertig."

Höflichkeit macht das Leben tatsächlich leichter: *Vor allem den An-deren!*

Das ältliche Fräulein Patrizia ... (So fängt es schon an! Also, noch-mals von vorne:) Frau Patrizia Strehle, Verkäuferin im Damenmoden-geschäft, ist eine reizende Person. Höflich und zuvorkommend. Sie muss das „Bitte–Danke-Gen" in sich tragen, denn wenn sie nicht „bit-te oder danke" sagen kann, wird sie krank.

Wirklich! So geht es uns allen: *Wenn wir tief eingewurzelte Regeln brechen, bekommen wir Probleme.*

Als ich einen lieben Freund ungewollt versetzte, hatte ich ein schlechtes Gewissen und als ich dann einem verirrten Autofahrer noch den Weg zur falschen Autobahnauffahrt beschrieb, war es vor-bei mit dem festen Schlaf. Eine meiner Regeln lautet nämlich: *Du darfst keinen Fehler machen.*

Regeln brechen bedeutet Gewissensbisse.

Vielleicht solltest du es riskieren? Regeln mit einem guten Gefühl zu brechen funktioniert nur, wenn ich über eine zusätzliche - übergeord-nete - Regel verfüge, nämlich: Regeln sind dazu da um gebrochen zu werden. Dann freue ich mich natürlich über jede Geschwindigkeits-übertretung, jeden Seitensprung und auf jeden Gast, dem ich unbe-merkt zu wenig Wechselgeld herausgebe.

Regeln können Sinn machen, Regeln können aber auch „blind" übernommen worden sein. Blind befolgte Regeln erkennt man an der Begründung der Frage nach dem „Warum": *Weil es sich so gehört!* Hier läuten die Alarmglocken: Wenn ich eine Verhaltensregel nicht besser begründen kann, dann wird die Luft dünn ...

Für Höflichkeits- oder Anstandsregeln gilt dies gleichermaßen. Sie machen auch Sinn, aber das hat seine Grenzen! Es gibt „Rüpel", die nur sagen: ´Wo geht´s zum Rathaus?´ Ja, solche gibt es. Mein „ältliches Fräulein Patrizia" aber belehrte mich eines Besseren: „Entschuldigen Sie bitte, wenn ich Sie störe. Könnten Sie so nett sein, mir zu sagen, wie ich zum Rathaus komme?" So geht's auch! Alles ist nur eine Frage der „Dosis".

Im Einzelfall spielt das keine große Rolle. Insgesamt ist aber auffällig, dass sich einzelne Menschen vor Höflichkeit überschlagen. Als wäre es eine Gnade, wenn mir ein Einheimischer mit dem gestreckten Zeigefinger weiterhilft „Da rechts, 10 Minuten".

Nach vielen Beobachtungen kann man einen festen Zusammenhang herstellen: Zwischen sozialer Unsicherheit und übertriebener Höflichkeit. So richtig verwunderlich ist das nicht. Setzt doch eine gesunde Persönlichkeit eine Haltung voraus: *Das möchte ich. Das steht mir zu. Schließlich zahle ich dafür. Ich gebe doch auch Auskunft, wenn man mich fragt.*

Und ehrlich: Hast du nicht auch schon manchmal das schale Gefühl von „zu viel Süßlichkeit" verspürt? Oder wie Sepp Wurzinger neulich noch zu mir sagte: „sooo scheissfreundlich" (Das hat er leider nicht mehr lange überlebt).

DIAGNOSE DER DIAGNOSE

Bio - psycho - sozial

Wir können getrost davon ausgehen, dass es schon „seit immer" körperliche Krankheiten und seelisches Leid gibt. Beide wurden jedoch über die Jahrtausende hinweg unterschiedlich wahrgenommen und auch unterschiedlich erklärt, was ihre Verursachung anbelangt.

Für die Einen war manche Krankheit eine *Strafe Gottes:* Damit war sie natürlich unausweichlich und „es musste so kommen." Für Andere wiederum *hat sich der Teufel der Menschen bemächtigt.* In solchen Fällen kann logischerweise nur die Austreibung dieses Teufels weiterhelfen (Übrigens: Diese Meinungen existieren bis heute: Der Exorzismus hat Hochsaison!) Wiederum Andere geben den *Betroffenen selbst die Schuld:* Wahrscheinlich ist er/sie verweichlicht und bräuchte sich nur besser zusammenreißen.

Du könntest diese Liste von möglichen Ursachen für die eine oder andere Beschwerde wahrscheinlich selbst fortsetzen und hast bestimmt auch schon öfter gute Ratschläge gehört: Geh im Winter nicht mit nassen Haaren raus, und „One apple a day keeps the doctor away!" (Auch Sprüche scheinen weit herum zu kommen.) Manche dieser Ratschläge sind wirklich wertvoll, andere eher zweifelhaft.

Krank sein in der heutigen Gesellschaft hat einen völlig anderen Stellenwert bekommen: Wir haben (Gott-sei-Dank?) ein sehr ausdifferenziertes System entwickelt, das von einer aufwändigen Ausbildung von Ärztinnen und Ärzten, über eine teure und durchaus erfolgreiche Pharmaforschung bis zum (scheinbar) kostenlosen Krankenhausaufenthalt reicht. Zahlen wir einen Preis dafür? Natürlich. Aber nicht nur in Form von Krankenkassenbeiträgen, sondern auch psychisch. Denn: Wer Leistungen des medizinischen Systems in Anspruch nimmt, rutscht quasi automatisch in die Ecke, über der „krank" steht.

Näher betrachtet gibt es natürlich Feinabstufungen zwischen gesund und krank bzw. „Mischzustände" Man kann eine Verletzung haben und trotzdem arbeitsfähig sein, und man kann Invalide sein, aber
nur zu einem bestimmten Prozentsatz.) Insgesamt – ohne hier weiter darauf einzugehen - haben wir jedoch noch erhebliche Probleme,
„Übergänge" und „Zwischenstadien" zu akzeptieren.

Mit den sogenannten „psychischen Störungen" verhält es sich ähnlich wie mit den körperlichen Krankheiten, bloß dass es etwas länger
gedauert hat, bis Erstere ihre Anerkennung in der Gesellschaft gefunden haben: Heutzutage ist auch eine Depression eine „echte" Krankheit, und selbst über dem „unsicheren" Menschen, der zu scheu ist um
unter die Leute zu gehen, oder dem erwachsenen Mann, der ohne
Mutter sich für nichts entscheiden kann, spannt sich inzwischen der
„Schutzschirm" des medizinischen Systems.

Vielleicht ist es verlässlicher, einen Schienbeinbruch per Röntgenaufnahme zu erkennen als einem „Depressiven" nachzuweisen, dass er
nicht simuliert. Aber selbst diese Aussage ist mit Vorsicht zu genießen.
Kann man denn so eindeutig sagen, wie stark ein Kopf*schmerz* nach
einem Sturz oder bei einer vorgerutschten Bandscheibe sein darf?
„Schmerz" ist somit ein typisches Phänomen (oder „Symptom"), das
vom „Körperlichen" ins „Psychische" übergeht, bzw. wo die Grenzen
verschwimmen.

Du siehst also, wohin meine Argumentation führt: *Letztlich ist alles seelisch und körperlich zugleich:* Bei einem (unstrittig körperlichen)
Beinbruch wird meine (unstrittig seelische) Reaktion recht unterschiedlich ausfallen - je nachdem, ob jemand Anderer mir eine Verletzung beigefügt hat, oder ich mir selbst. Und unter meinem Fieber
werde ich wahrscheinlich stärker leiden, wenn ich am Abend noch mit
Carola ausgehen wollte.

Auch umgekehrt gilt: Was zunächst als rein „psychisch" aussieht,
hat auch seine „stoffliche" Seite: körperliche Auslöser und Begleiter.
Eisenmangel (im Blut) oder eine Schilddrüsen-Unterfunktion sind

z.B. als Ursachen für eine „depressive" Antriebs- und Lustlosigkeit bekannt. Somit ist eigentlich alles ein psycho-somatisches Geschehen.

Noch haben wir allerdings einen *dritten, wichtigen Genossen ausgeklammert: Unsere Umwelt* – Freunde, Feinde und Kollegen, und vor allem unseren Arbeitsplatz selbst. Was sagen deine Freunde dazu, wenn du ihnen anvertraust, dass du dich mit dem HIV angesteckt hast? oder einen auffallenden Hautausschlag mit an den Urlaubsstrand bringst? Würdest du nicht gerne einer „neuen Liebe" zunächst verheimlichen, dass du einen an Schizophrenie leidenden Bruder hast?

Und ist es denn nicht oft die Arbeit selbst – Arbeitsbelastung und Risiken - die gravierend in deine Gesundheit hineinschneidet, dich gefährdet und schlimmstenfalls tötet? (Das heißt nicht, dass in der Freizeit - beim Sport, beim Alkohol – nicht auch ähnliche Risiken lauern!). Stress am Arbeitsplatz, Allergene überall, Bildschirmarbeit, Unfallrisiko – diese Liste ist leicht zu verlängern.

Wenn wir diesen Abschnitt zusammenfassen, dann sehen wir, *dass alle drei Größen - Körper / Psyche / soziale Umwelt – ständig ineinander greifen,* keine ist von den jeweils anderen völlig unabhängig. Wir sehen somit auch, dass einseitige Schuldzuschreibungen wenig Sinn machen.

Wer sagt eigentlich, was psychisch krank ist?

Im letzten Abschnitt haben wir darauf verwiesen, wie Umwelt, See-lisches und Körperliches zusammenwirken. Damit ist aber noch nichts über jene ominöse Schwelle ausgesagt, an der ein bestimmter seeli-scher Zustand vom „Normalzustand" zu einer „Krankheit" wird. (Und wo es eine Krankheit gibt, da gibt es auch eine Diagnose!).

Angenommen, dir geht es nicht gut. Du hast keinen Appetit, du spürst eine krasse Sinnlosigkeit gegenüber dem Leben, schläfst schlecht und trinkst zu viel. *Wer legt nun fest, ob du „krank" oder „gesund" bist?* Es ist schnell hingesagt: „Du bist psychisch krank." So einfach ist es aber nicht.

Nehmen wir uns doch ein paar Minuten Zeit, um darüber nach-zudenken. Ich mache zunächst Vorschläge, und dann … (werden wir weitersehen).

Krank ist, wer schwer leidet. Meist ist dies der erste Vorschlag den man hört - er ist aber nicht so gut, wie er klingt. Es gibt viele Leidenszu-stände, die weitab von Krankheit liegen: Wenn ich gerade beim Abitur durchgesaust bin? Wenn mir der Magen vor Hunger kracht? Jede/r von uns könnte zahlreicheiche Beispiele anführen: Wer litt nie unter Lie-beskummer oder dem Verlust eines geliebten Menschen? Und schließ-lich: Gibt es nicht auch schwere Störungen, bei denen der Patient selbst weder etwas spürt noch davon weiß? (Das überzeugendste Argument dürfte hier die schwere Altersdemenz sein). Irgendwie scheint also diese „Definition" nicht allgemein anwendbar zu sein.

Zweiter Versuch: *Die Vermessung der Seele.* Karli Großpointner hat ei-nen Blutdruck von 145 zu 89. Diesen Blutdruck können wir messen, wie auch Diabetes, Körpertemperatur und Leukozyten. So ähnlich ist es bei seelischen Leidenszuständen: Psychologen haben Tests (Skalen, Fra-gebögen, etc.) für fast alles entwickelt: Um Depression, Ängstlichkeit,

„Persönlichkeit", Intelligenz, Neurotizismus und, und, und ... zu erfassen. Am Ende steht ein Ziffernwert. Susi hat einen „Depressionswert" von 35, Karli von 42. Wo aber beginnt die „Depression" – bei 34? bei 40? Je nachdem, ob der Schwellenwert höher oder niedriger festgelegt ist, werden mehr oder weniger Menschen als „depressiv" erfasst. Also: Gar nicht so einfach. Lassen wir Testergebnisse beiseite: Ab wann ist bei dir persönlich jemand „hysterisch", oder „aggressiv"? Das Problem, wo wir die Latte anlegen sollen, haben wir mit und ohne Test.

Der ökologische Krankheitsbegriff. Das klingt sperrig. Es gibt Menschen, die sind hoch ängstlich, würden sich also nie mit der Seilbahn auf die Zugspitze wagen oder mit einer U-Bahn fahren. Wir können jedoch davon ausgehen, dass viele von diesen keinen Wert darauf legen und daher sehr zufrieden leben - auch ohne „Höhenluft" oder „Tiefenschwindel" - warum sollte so jemand dann als krank bezeichnet werden? (Dieses Argument von der subjektiven Zufriedenheit schließt nicht aus, dass trotzdem landauf, landab, getestet wird, wie viele Menschen unter Höhenangst leiden – selbst wenn sie im „Tiefland" bleiben). Ökologische Validität zielt darauf ab, ob ein Mensch *in seiner Lebenswelt* als krank anzusehen ist.

Viertens: *Das Expertenurteil.* Wozu haben wir die vielen Experten – PsychologInnen, Psychiater, PsychotherapeutInnen? Die müssen doch in der Lage sein, eine kranke von einer gesunden Person zu unterscheiden. Eigentlich ja. Was aber, wenn Doktor Brenner „krank" sagt und Doktor Posch „gesund"? Immerhin hängen Schicksale von Menschen daran. So etwas Ähnliches war über lange Zeit der Fall: Menschen, die von amerikanischen Ärzten als „schizophren" bezeichnet wurden, hätten diese Diagnose in Europa nicht bekommen! Der Grund lag in unterschiedlichen Bezugssystemen. Amerikanische bzw. europäische Psychiater haben unterschiedliche Kriterien verwendet. Also: Nur bedingt tauglich.

Letzter Versuch: *Wir befragen die Patienten.* Müsste nicht der Betroffene am ehesten selbst wissen, ob er krank oder gesund ist? Jedoch sind die Fälle durchaus häufig, dass sich Menschen selbst falsch einschätzen. Dazu ein Beispiel zum Schmunzeln: Der Großteil der Autofahrer glaubt, besser als mindestens die Hälfte aller Autofahrer zu fahren! Wie geht das?

Nun: Es gibt auch Störungen, die Betroffene *selbst nicht* in der Lage sind, adäquat einzuschätzen. Das Problem Nr. 1: Wie sollte ein depressiver Mensch einschätzen, ob er leichter oder schwerer depressiv ist als die Menschen um ihn herum? Problem Nr. 2: Der depressive *Zustand selbst verzerrt das Urteil:* Ein depressiver Mensch schätzt seine Kindheit und seine Chancen viel negativer ein, als wenn er gerade nicht depressiv ist!

Wir haben uns nun mehrere Möglichkeiten angesehen, wie wir zu einem Urteil kommen könnten, ob jemand krank ist oder nicht. Nicht vergessen: Keine leichte Entscheidung, denn sie kann Konsequenzen haben! Aber, wie immer gilt es auch hier, vorsichtig abzuwägen zwischen positiven und negativen Konsequenzen.

Dazu eine kurze Geschichte:

Eine Verkäuferin, Frau Kulmhofer, meldete sich in meiner psychotherapeutischen Praxis zur Therapie an. „Dringend" - wie sie am Telefon sagte. Sie wirkte angespannt, klagte über Schlaflosigkeit etc. (Hier kann ich Details auslassen, weil sie nicht weiter wesentlich sind, wie du gleich sehen wirst).

Du machst dich als Therapeut/in nun auf die Suche: Worunter leidet dieser Mensch, gibt es aktuelle Belastungen, frühere Traumata, wie kann ich ihr helfen? Irgendwie drehte sich etwas im Kreis: „Ja schon … ist aber nicht so schlimm …" – du ärgerst dich vielleicht selbst, weil du sie nicht „fassen" kannst.

Es dauerte tatsächlich Stunden (!) bis sie mich auf die richtige Fährte brachte: Ein mit ihr befreundeter Psychologiestudent verwendete sie (mit ihrer Zustimmung), als Versuchsperson für eine Prüfungsarbeit. Im Rahmen dieser „Studie" füllte Frau K. einen Fragebogen aus, der sie (knapp aber doch) über die Schwelle von „gesund" nach „krank" beförderte: Sie erreichte einen statistischen Wert den Menschen mit der Diagnose „Persönlichkeitsstörungen" aufweisen.

Natürlich würde kein ernsthafter Therapeut eine Diagnose allein von einem Fragebogen-Ergebnis abhängig machen. Hier war es aber doch ein Testergebnis, das die heftige Verunsicherung bei Frau K. ausgelöst hatte. Ich glaube, dass es mir gut gelungen ist, sie von ihrer „Krankheit" zu befreien. Sie war erleichtert und dankbar.

Und hier wird es nochmals spannend: Kann man denn umgekehrt mit Sicherheit behaupten, dass jemand eine bestimmte psychische Störung *nicht* hat? Das ist nicht sehr einfach! Aber für mich deutete im obigen Beispiel Vieles auf eine gesunde Persönlichkeit hin, Frau K. war gut vernetzt, beliebt, aktiv, fleißig, etc. Vielleicht war sie ein bisschen „schräg", sensibel, kreativ … durchaus sympathisch (Die konkreten Fragen des Fragebogens, der zur „Diagnose" führte, konnte ich im Einzelnen nicht überprüfen, es schien auch nicht mehr notwendig, nachdem man ihre Erleichterung sah.)

Und wie sieht, nach all diesen Betrachtungen, die gängige Praxis aus? Wie wird eine psychische Störung diagnostiziert? Im Großen und Ganzen fußt es wohl auf einem Expertenkonsens. Erfahrene Psychiater, PsychotherapeutInnen u.a. kennen aus Erfahrung die Krankheits-"Bilder", die in ihren Kliniken und Praxen auftreten.

Zunächst registriert man einzelne Phänomene (z.B. Schlafstörung, Konzentrationsmangel, Selbstmordgedanken, Halluzination, Wahnvorstellungen u.a.m.) als *Symptome*. Wenn wiederholt bestimmte Symptome gemeinsam auftreten, also zusammen ein wiederkehrendes „Muster" und einen entsprechenden Schweregrad aufweisen, wird dieses charakteristische Symptommuster den Status einer Krankheit bzw. psychischen Störung erhalten. Bis eine endgültige Festlegung auf eine Störung (z.B. durch die WHO) getroffen wird, müssen natürlich eine

Reihe von Belegen dafür im Wege internationaler Forschung vorgelegt werden.

Auf folgende Weise wird die Möglichkeit der Willkür drastisch reduziert: Für das Vorliegen einer „psychischen Störung" müssen in den Diagnosesystemen (z.B. der *Weltgesundheitsorganisation* oder der *Amerikanischen Psychiatrischen Gesellschaft*) mehrere Bedingungen erfüllt sein: (Willkürliches Beispiel) Das gleichzeitige Vorliegen von mindestens 5 aus einer Liste von 8 *charakteristischen Symptomen* - und das über eine bestimmte *Zeitstrecke*, und ebenfalls in einem bestimmten Ausmaß/*Intensität*. Tatsache ist, dass mit diesem Vorgehen die Übereinstimmung unter den Diagnostikern stark angestiegen ist.

Eine Diagnose alleine bringt einem Patienten noch wenig direkten Nutzen. Der große Vorteil von Diagnosen besteht darin, dass die wissenschaftliche Kommunikation verbessert wurde: Wenn eine Forschungsarbeit zu einer Störung publiziert wird, dann wissen die Experten weltweit, um welche „Fälle" es sich nun tatsächlich gehandelt hat.

Auch in der Zweierbeziehung, der Standardsituation einer Psychotherapie, spielt diese normierte Diagnostik kaum eine Rolle, weil jede/r PsychotherapeutIn sich auf die einzelne Person konzentriert, d.h. auf ihre persönliche Lebens- und Leidensgeschichte.

Die andere Seite der psychischen Störung:

Wo psychische Schwächen zum Vorteil werden

Big brother is watching you. Die Kameras über den Autobahnen verpetzen geringste Geschwindigkeitsübertretungen, und zehn Minuten Zeitüberschreitung in der Kurzparkzone bescheren dir eine Zahlungsaufforderung via Windschutzscheibe. Wenn der Lehrer etwas rot hervorhebt im Schulheft, dann kann es sich fast nur um einen Fehler handeln.

Wir sind also eine Gesellschaft, die scheinbar *eine besondere Freude an der Sanktionierung von Abweichungen* hat. Und so ist auch unser Blick auf Menschen mit „psychischen Störungen" primär auf das Defizit hin orientiert. *Wenige Menschen kommen auf die Idee auch die andere Seite zu sehen.*

Gerade dazu lade ich dich hiermit ein: *Wage den Blick auf die positiven Seiten* von Menschen mit einer psychischen Störung.

Ein depressiver Mensch ist (in aller Regel) ruhig, verträglich, nimmt weniger ökologische Ressourcen in Anspruch, ist hilfsbereit und besonnen. Er kündigt seine Arbeitsstelle nicht leichtfertig, ist sich nicht zu gut, auch einfachere oder schmutzigere Arbeiten zu machen.

Das alles ist sozusagen „die andere Seite der Depression". Was dem Depressiven als „hohe Leidensfähigkeit" zugeschrieben wird, drückt sich im Tolerieren („Schlucken") unangenehmer Zustände und Aufgaben aus. Natürlich sind wir hier hart an der Grenze des Missbrauches: Der depressive Mensch wehrt sich wenig – also werden wir genau ihn für die unangenehmen Arbeiten einsetzen.

Es wird auch gesagt, *dass die Depression einen Menschen schützt.* Wie das? Während andere oft leichtfertig eine Arbeitsstelle aufgeben, sich scheiden lassen, übersiedeln … verweilt der depressive Mensch eher in einer „Starre" (die man fachlich als Antriebslosigkeit oder Entscheidungsunfähigkeit bezeichnet). *Ja, sie schützt vor falschen Schritten.* Dieses zurückhaltende Temperament gilt in allen beruflichen Positionen: Der depressive Chef investiert tendenziell weniger risikoreich, wird weniger Mitarbeiter ausstellen und eine riskante Firmen-Expansion eher aufschieben.

Natürlich kann man dem eher *ängstlichen* Menschen ähnliche Qualitäten zuschreiben. Angst hat gleichfalls die Wirkung einer „Bremse": Der ängstliche Mensch verweigert Handlungen, denen er sich nicht gewachsen fühlt.

Und ebenso kann man *Zwanghaftigkeit* aufdröseln. Mit Akribie und Leidenschaft wird sich ein zwanghafter Mensch nicht nur an die Buchhaltung machen, auch das Archiv ist ordentlich geführt, wie seit Jahren nicht mehr, und die KollegInnen freuen sich, wenn der Nachschub an Büromaterial rechtzeitig da ist und noch dazu am richtigen Ort. Zwanghaftes Reinigungspersonal tendiert zu noch mehr Sauberkeit.

Ein besonderer Fall sind Personen mit Eigenschaften, die man landläufig in die „*hysterische*" Ecke stellt. Solche Menschen inszenieren sich gerne („Selbstdarstellung"), und dafür ist eine Bühne – sprich Publikum – nötig. Also wird ein solcher Mensch Charme versprühen und Sympathien anziehen. Vielleicht auch private Firmenfeiern, Stammtische und Betriebsausflüge organisieren. Letztlich ist alles (wie in den obigen Beispielen der Depression, Angst und Zwanghaftigkeit) wieder einer „psychischen Variante" geschuldet.

Viele Männer, die dem Alkohol verfallen sind zeichnen sich durch Weichheit und Geselligkeit aus. Wenn man über einen solchen Menschen urteilt, ist also immer auch die Auswirkung auf das Betriebsklima mitzudenken. „Informelle Kommunikation" bezeichnet man den Austausch, der in der Pause, am gemeinsamen Kegelabend, bei der „gemeinsamen Zigarette" passiert, und solche Informationen sind oft Gold wert.

A propos. Zur Bedeutung der „informellen Kommunikation" möchte ich hier nur ein kleines Beispiel aus einem Krankenhaus einstreuen (Das Beispiel stammt nicht von mir, sondern ist der Literatur entnommen). Im Zuge der Rationalisierung zwecks Kostenersparnis und Fehlerbegrenzung wurde eingeführt, dass die frisch abgenommenen Blutproben „automatisiert" (Förderbandsystem) ins Labor transportiert wurden. Das Ergebnis war ernüchternd: Während vorher die Medizinisch-Technische Assistentin bzw. eine zuständige Krankenschwester mit offenen Augen von Station zu Station gingen und ihnen wichtig Erscheinendes verbreiteten, wurden jetzt diese Beobachtungen nicht mehr kommuniziert. Gravierende Fehler schlichen sich ein. So viel

Abbildung 5:
Die Ästhetik der Ordnung. Liebe, Geduld und Akribie:
Die schöne Seite der Zwanghaftigkeit - der stillen Schwester des wilden Chaos.

zum Nutzen von „Geselligkeit."

Dabei möchte ich es belassen. Ich möchte die „positiven Seiten von psychischen Störungen" nicht überstrapazieren, denn oft auch sind die Grenzen früh erreicht. Ich wollte jedenfalls *ein grundsätzliches Plädoyer für eine offenere und tolerantere Sichtweise* bringen. Der vorwurfsvolle und abweisende Blick fällt vielen Menschen deutlich leichter!

BAUSTEINE DES SEELENLEBENS

Keine leichte Aufgabe

Beneidenswert: Mit einem Röntgenbild können wir feststellen, ob sich der oder die Ärmste das Bein gebrochen hat oder nicht.

Auch wenn wir die besten Tests anwenden, werden wir nie in der Lage sein, ähnlich eindeutige Aussagen über die Psyche des Menschen machen zu können. Das macht das Zusammensein mit anderen Menschen ja auch so spannend. Was wissen wir schon über die Gefühle anderer, über die Auswirkungen von Traumatisierung, über das Altern, und welche neuen Horizonte können Musiker, Maler in uns öffnen? Vom Kennenlernen bis hin zum Tod - was liegt alles auf unserem Weg?

Und trotzdem ist es möglich etwas über Andere auszusagen. Sonst wäre es nicht möglich eine Vertrautheit zu einem geliebten Menschen zu entwickeln, oder auch das Funktionieren einer Gesellschaft - zumindest über eine gewisse Zeitspanne hinweg - mit einer recht geringen Fehlerquote vorherzusagen.

Das Wissen über psychisches Geschehen nimmt zu - keine Frage. Noch überwiegen „Einzelbefunde" - die Zusammenschau bzw. Integration dieser Einzelbefunde ist noch mangelhaft.

Es hat wenig Sinn, hier Tausende von Einzelbefunden vorzustellen. Lieber weniger, dafür aber das Gesamtziel nicht aus den Augen verlieren! Ich will dabei nicht nur Fakten, sondern auch *eine Sichtweise* vermitteln, wie man sich auf die Entdeckungsreise begibt, um sich selbst und Andere besser erkennen und verstehen zu können.

Was ich denke, das bin ich

Ist das ein zu gewagter Satz? Gewagt ja, aber nicht zu gewagt. Natürlich bin ich *mehr*, als ich denke, z.B. Haar- und Augenfarbe, Immunsystem, etc. Und letztlich auch mehr als die schlichte Summe all dieser „Teile".

Trotzdem: Wenn ich denke „Ich bin ein Pechvogel" – *dann wandle ich als Pechvogel durchs Leben.* Wenn ich denke „Ich bin alt", *dann sitze ich hier als alter Mensch* vor meinem Computer.

Dieser Abschnitt soll allerdings über das altbekannte Beispiel „Das Glas ist halb voll - oder das Glas ist halb leer" hinausführen, denn die Konsequenzen sind viel weitreichender. Wenn ich mich für dumm halte, dann werde ich kaum versuchen das Abitur anzustreben, und schon sind die Weichen für ein *gänzlich anderes Leben* gestellt: Du hättest vielleicht einen interessanteren Job, ein höheres Gehalt, könntest mehr reisen, dich gesünder ernähren, und, und, und ...

Und noch weiter: Wenn du denkst, du bist unfähig, dann bist du es *als Ganzes!* Du vermittelst den anderen, vielleicht durch beiläufige Aussagen oder durch Gesten, dass du eigentlich unfähig bist, und schließlich wirst du auch so handeln und behandelt. Wenn du schon die Notbremse ziehst, bevor ein Problemchen am Horizont auftaucht, werden auch die Erfolgserlebnisse ausbleiben!

Es gibt kaum eine psychische Störung, die nicht wesentlich durch das Denken bestimmt ist. Natürlich hat eine satte Depression starke nichtsprachliche Anteile (Nichtsprachlich wären z.B. Schlafstörungen, Antriebslosigkeit und vor allem das lähmende Gefühl der Schwermut), aber *die negativen Gedanken,* ziehen den Menschen noch tiefer „hinunter" als nötig: Hinein in die Resignation, in die Sinnlosigkeit, in den Lebensüberdruss.

Wir müssen nicht immer die Wissenschaft bemühen, weil du es ja selbst beobachten kannst: Wenn dir („endlich einmal") etwas gelingt, dann machst du gedanklich den eigenen Erfolg wieder zur Schnecke:

Das war doch nur Zufall! Kaum ein depressiver Mensch, der zu sich sagt: „Denen hab ich´s gezeigt, ich war echt stark." Und umgekehrt ist der depressive Mensch der erste, der eine Niederlage auf seine Kappe nimmt: „Mit einem anderen Spieler als mir, hätte unsere Mannschaft das Match gewonnen" (Das ist natürlich die B-Seite von: „Ich bin Schuld").

Überlege bitte, ob du dich in deiner eigenen Umgebung nicht genauso verhältst. *Du* bist der Erfolgreiche, der Könner, *ich* bin der Bremsklotz. Amen.

Es ist verrückt, aber wir Menschen können eigentlich gar nicht anders, als denken. Sobald wir wach sind, geht's los. Nur ist dieses „Denken" leider *nicht immer so, dass wir richtig kontrolliert nachdenken,* um zu einer neuen Idee, zu einem Urteil oder zu einer Lösung zu kommen.

Noch einmal: *Das meiste ist automatisiert,* quasi „fest verkabelt". In Wirklichkeit rechnest du nicht, wenn ich dich frage: „Wie viel ist 7 x 3?" (siehe Abschnitt „Vom Automaten zum autonomen Menschen") Genauso automatisch wird ein scheuer Mensch auch sagen: „Ich habe leider keine Zeit", wenn er eine Einladung von einer netten Person bekommt (zum Kaffee, ins Kino). Das schließt nicht aus, dass er/sie sich später darüber ärgert (was das Leben nicht leichter macht). Du wirst genauso *automatisch* einen Freund oder eine Freundin als Klassen- oder SchulsprecherIn vorschlagen (Weil du „weißt", dass die es besser können als du selbst).

Wenn Du nun im Laufe von Jahren hunderte solcher Entscheidungen triffst, *dann bist du schließlich die- oder derjenige,* der dümmer ist, ungeschickter, sich nicht traut, in der letzten Reihe sitzt, mit der/dem kein Mädchen/Junge redet, und für den/die das Leben eigentlich keinen Sinn macht.

Gehen wir zu anderen psychischen Problemen, dann finden wir u.a. folgende automatischen Gedanken: „Darauf kommt es jetzt auch nicht mehr an" (bei Übergewichtigen), „Einer ist keiner" (beim Trinken), „Er/sie soll hingehen, wo der Pfeffer wächst" (Trennung, Partnerverlust), „Jetzt war fünf Mal Schwarz, jetzt muss Rot kommen" (Spielsüchtige), „Dem/der zeig ich´s" (der Auto-Raser), „Ohne sie / ihn macht das Leben keinen Sinn" (vor dem ersten Selbstmordversuch).

Hoffentlich konnte ich mit diesem kurzen Kapitel deutlich machen, warum ich der Überzeugung: Was ich denke, das bin ich.

Die Weichenstellung bestimmt, wohin der Zug fährt!
und
Weichen werden über das Denken gestellt.
(Genauer: Durch Entscheiden).

Der wichtigste Satz kommt jetzt: Wenn diese negativen Sätze durch jahrelange „Übung" eingelernt und automatisiert wurden, und wenn sie somit auch tatsächlich einen großen Teil meiner Persönlichkeit und meines Daseins ausmachen, dann liegen gerade hier der Hoffnungsschimmer und die Lösung: *Man kann auch (neue) andere Sätze (d.h. Gedanken) einlernen, automatisieren … Aber dieses Mal hoffentlich optimistischere!*

Ich liebe dich, darum hasse ich dich

Keine Frage, unser mathematisch-naturwissenschaftliches Denken hat Beachtliches hervorgebracht. Von der Baustatik bis zur Marssonde, und letztlich liegt auch „hinter" diesem Text der binäre Erfolgs-Code der Computerprogrammierung: Die Welt der „01–Logik".

Um dich selbst und andere zu verstehen, tust du aber gut daran, dich einer anderen Logik anzunähern: *der Psycho-Logik.*

Einige der gängigsten *Beispiele*, die helfen „Psycho-Logik" zu verstehen sind: Zehn Fußballspieler sind besser als elf; Je mehr der Gebrauchtwagenhändler seine Karre anpreist – umso eher nimmst du Abstand vom Kauf; Nach sieben Mal „Rot" muss „Schwarz" kommen; Der Schiedsrichter bevorzugt immer die andere Mannschaft; Je weiter dein Freund weg ist, umso mehr liebst du ihn; Vor vielen Zusehern bin ich besser (oder schlechter); Was verboten ist, hat einen besonderen Reiz u.s.w.

Das sind quasi *psychologische Regeln,* um nicht zu behaupten: psychologische Gesetzmäßigkeiten. *Sie gehen meist nicht konform mit der schulisch vermittelten Rationalität.*

Und wenn wir schon bei der Psychologik sind: Psychologische Gesetzmäßigkeiten *gelten nicht immer. Auch das ist eine Regel.*

Folgende kleine Story untermauert die „Psychologik" eindrücklich: Ein junger Mitarbeiter brachte im Auftrag des Generaldirektors dessen Koffer in die Garage. Dieser gab ihm dafür drei Euro. Zwei Monate später wiederholte sich die Szene, allerdings erhielt der Junge dieses Mal zwanzig Euro. Der erste Kommentar des Jungen zu einem Kollegen war: „Ich glaube, der will was von mir."

Die Mehrdeutigkeit
von Wörtern, Sprache und Situationen

Ein weiterer Alltagsbegleiter ist die „Mehrdeutigkeit" von Situationen oder Aussagen. Dieses *Sowohl-als auch* ist quasi das Gegenteil des „Entweder-oder". Damit sind soziale Situationen oft schwieriger zu entziffern oder auszuhalten, bringen aber die Chance einer größeren Reichhaltigkeit.

Dass der Besuch auf einer Party mein soziales Netz erweitern kann, jedenfalls aber der Entspannung und dem Stressabbau dient, wird wohl allgemein so gesehen. Dass ich dadurch aber *gleichzeitig* Stress aufbaue, weil mir (z.B.) Stunden in meiner Prüfungsvorbereitung fehlen, ist ebenso evident. Die Party hat somit *gleichzeitig positive und negative Aspekte* - charakteristisch für unser menschliches Alltagsleben ist hierbei, dass manche dieser Widersprüche nicht auflösbar sind.

Eine besondere Fundgrube ist die Sprache (und nicht nur unsere), deren *Begriffe* in einer Weise „*bedeutungselastisch*" sind, dass sie beinahe grenzenlos gestreckt, gebogen und verdreht werden können - und sich damit immer wieder ein vollständiges Mosaik herstellen lässt. Wenn es heißt, der Spieler/der Sex/das Essen war „gut", *dann kann die Bedeutung dieser drei Buchstaben von „ausgezeichnet" bis „hätte nicht sein müssen"* reichen. Es ist diese „Elastizität", die Konflikte schafft, die aber auch konfliktlose Einfügung in Texte, oder einen Anschluss in einem laufenden Gespräch ermöglicht.

In Summe wollte ich darauf aufmerksam machen, dass im Leben „wenig" oft „viel" bedeutet, oder aber „viel" oft „wenig". Alles klar? Psychologisch eben.

Das Problem der Vorhersage

Gegen Ende dieses Abschnittes noch zwei bemerkenswerte Aussagen des leider schon verstorbenen berühmten Systemtheoretikers, Professor Luhmann. Du musst sie langsam lesen und auf dich wirken lassen. Ich schreibe sie hier aus der Erinnerung nieder. Gehört habe ich sie vor Jahren in einem Radiointerview. Ein Journalist interviewte den berühmten Wissenschaftler:

Interviewer: Wie kann man ein komplexes System, wie es eine Gesellschaft ist, steuern?

Luhmanns erste Antwort darauf: So, wie Sie eine Schafherde auf die Weide bringen: Sie können immer nur versuchen, die ausbrechenden Schafe wieder an die Herde heranzuführen.

Luhmanns zweite Antwort: So, wie man einen zu nassen Teig behandelt: Wenn er auseinander rinnt, wird man ihn wieder zur Mitte hin heben.

Natürlich sind die Vergleiche der Gesellschaft mit einer Schafherde bzw. einem Teig keinesfalls eine Geringschätzung der Humangesellschaft, sondern ein sprechendes Bild über die Schwierigkeiten der Vorhersage bzw. Steuerung „komplexer Systeme".

Wir leben (erstens) in einer *komplexen Umwelt* mit (zweitens) einer sehr *ungewissen Zukunft. Unschärfen in der Bedeutung von Begriffen und in der Sprache* scheinen (drittens) geradezu notwendig zu sein für den Kommunikationsfluss. Schließlich (viertens) *interpretiert der Empfänger* einer Nachricht (z.B. unser Gesprächspartner) die Mitteilung wiederum nach seiner Lesart. Bewegen wir uns im „Zwischenmenschlichen", dann wird plötzlich aus Liebe Hass und aus Entfernung Sehnsucht. Es geht also um die Logik der Gefühle, die Eigendynamik des Gedächtnisses, über die Unschärfen von Wortbedeutungen, die Vielschichtigkeit des menschlichen Charakters, um massenpsychologische Phänomene, u.v.a.

Entscheidend hier ist also, *dass wir uns mit den Ungewissheiten innerhalb unserer Umwelt abfinden und uns darauf einstellen müssen.* Es handelt sich hier nicht um Fehler bzw. Mängel, sondern um einen Wesenszug unserer sozialen Welt.

Die Illusion, dass wir einmal wissen werden, wie alles im Leben geht und funktioniert, kommt aus der Unsicherheit des Heranwachsenden und dem Bedürfnis nach Kontrolle. Kontroll*versuche* machen trotzdem - zumindest teilweise - Sinn (Nehmen wir doch nur Regeln zur Verkehrslenkung und Ähnliches).

Die Harmonie
von Plänen und Einstellungen

Stell dir einfachheitshalber vor, du hast *zwei starke Bedürfnisse bzw. Einstellungen gleichzeitig:*
A) Du möchtest bei der nächsten Gelegenheit deine Abschluss-
   prüfung absolvieren und bestehen und
a) du möchtest unbedingt noch ein paar Tage mit der Freundin
   in die Berge
Das erste der beiden Bedürfnisse habe ich sinniger Weise mit einem
großen A) bezeichnet, weil es *insgesamt umfassender*, gegenüber anderen Bedürfnissen eher vorrangig, und zeitlich überdauernd ist. Das
Zweite ist mit einem kleinen a), weil es offenbar weniger Zeit in Anspruch nimmt, nur aktuell gültig ... (also „*kleiner*" ist).

Entscheidend ist in dieser von mir konstruierten Situation, dass das
Bedürfnis a) dem Bedürfnis A) zuwiderläuft, *sie widersprechen sich also*
(Eigentlich solltest du dich an den Schreibtisch setzen, und das weißt
du auch).

*Wenn du nun trotzdem a) verfolgst, dann wirst du es (zumindest zeit-
weise) mit einem schlechtem Gefühl im Bauch tun.*

Das war eine wichtige Einleitung.

Der Mensch hat meist gleichzeitig eine Vielzahl an Absichten, Bedürfnissen, Wünschen, Sehnsüchten, Träumen ... von denen manche
allgemeiner und wichtiger sind, andere wiederum als „nach- bzw. un-
tergeordnet„ anzusehen sind. Sie liegen also quasi *hierarchisch angeord-
net übereinander* - genau wie im obigen Beispiel A) über a) liegt bzw.
dominiert. (Die konkreten Absichten solche Bedürfnisse zu befriedi-
gen werden oft als „Pläne" bezeichnet).

Diese hier umständlich dargestellte Hierarchie von Bedürfnissen
kann man sich vielleicht sogar besser mit dem Bild einer Zwiebel vergegenwärtigen: Die äußeren Schalen sind umfassender bzw.
wichtiger, darunter liegen kleinere/untergeordnete.

Das wohl allgemeinste und umfassendste Bedürfnis besteht darin, *„was ich von der Welt erwarte"* (Glück, Gesundheit, eine Heile Welt, oder religiöse Heilserwartungen ...). *Nachgeordnet* kommen weitere Bedürfnisse, *die immer im Einklang mit den höheren Zielen stehen sollen.* (Wir wissen vom vorherigen Beispiel, dass eine Nichtübereinstimmung von Bedürfnissen zu negativen Emotionen führen kann!).

Nun ist es ein Leichtes vom einfachen Beispiel zu einer komplexen „Bedürfnis-Landschaft" zu kommen (was eigentlich die Normalsituation ist). Hier ein kleines, erfundenes Beispiel:

(äußerste, allgemeinste Sphäre)

„Ich möchte mich bis ins hohe Alter gesund halten"

⇅

„Ich möchte mich gesund ernäheren"

⇅

„Ich werde selbst kochen"

⇅

„Ich möchte am Oktoberfest einen
Schweinebraten mit Bier bestellen"

Diese vier Sätze stehen quasi in einem hierarchischen Verhältnis zueinander und du kannst sehen, wie sehr sie miteinander „harmonieren". Der zweite Satz folgert durchaus konsequent aus dem ersten. Ganz offensichtlich aber passt - von unten nach oben gesehen - der vierte Satz nicht mehr zum dritten, und daraus folgt, dass er mit den hierarchisch noch höher liegenden auch nicht mehr übereinstimmt.

Natürlich kann man ein einzelnes „Fehlverhalten" („Schweinebraten am Oktoberfest") ein Mal tolerieren bzw. verdrängen - dadurch geht die Welt nicht unter - nach mehreren solcher „Ausrutscher" muss mir allerdings klar werden, dass ich in einem ständigen inneren Widersprich lebe.

Nochmals: Solche „innere Widersprüche" führen zu negativen Gefühlen, u.zw. zu stärkeren, je eher sie die Realisierung der weiter oben angeführten Prinzipien gefährden. Solche Mißempfindungen können sein: Gewissensbisse, Selbstvorwürfe, aber auch Schlafstörungen, „Konsumattacken" (Essen, Trinken) u.v.a.

Die „Zwiebel" hat sich übrigens gut bewährt *bei der Suche nach den Ursachen* von persönlichem Unwohlsein. Du könntest jetzt selbst einen Versuch starten: Zuerst stellst du deine persönliche Bedürfnishierarchie auf, und im zweiten Schritt überprüfst du, wie weit die einzelnen Bedürfnisse miteinander im Einklang bzw. im wechselseitigen Widerspruch stehen.

Abbildung 6:
Es ist wichtig, Phantasien und Pläne zu entwickeln: Entscheidend ist aber, die Übereinstimmung mit anderen Lebenseinstellungen und Fähigkeiten.

Angstbewältigung durch Davonlaufen

„Vermeiden" ist ein völlig anderes Thema, das - häufig unbeobachtet - eine wichtige Rolle für Wohl oder Weh von Individuen spielt.

Was bei der Angst zunächst perfekt funktioniert, kann längerfristig zum Bumerang werden: Wegschauen - man könnte es auch als *Ausweichen, Davonlaufen oder Vermeiden* bezeichnen.

Ganz einfach: Ich müsste zum Zahnarzt: Ich sage den Termin ab - und schon ist die Angst weg. Ich habe einen Prüfungstermin: Ich melde mich „krank" - und prompt bin ich wieder gesund.

Es gibt ca. 100.000 Möglichkeiten, der Angst zu entwischen. Meistens aber nur kurzfristig und oft mit erheblichen „Nebenwirkungen". Zunächst mache ich eine „Ausnahme", später wird es Routine, und noch später habe ich ein echtes psychisches Problem. Wenn ich immer dem Zahnarzt ausweiche, wenn ich immer die Prüfungstermine absage, wenn ich immer zur Flasche greifen muss, um angstfrei zu werden, dann … (und jetzt male dir selbst aus, wie es weiter gehen kann). Tatsache ist, *dass mit der Vermeidung die Angst zunimmt.*

Jedermann weiß heute, dass man eine übertriebene Angst - vor Spinnen, Höhen, Tunnels, etc. - mit dem aus dem Griechischen stammenden Wort *Phobie* bezeichnet. Manchmal kann eine Phobie zum echten Problem werden, z.B. wenn ich mich nicht über eine Brücke traue, „drüben" aber eine verlockende Arbeitsstelle (oder Freundin) wartet.

Dieser Abschnitt soll sich aber nicht in erster Linie mit der Phobie selbst beschäftigen, sondern mit dem *Ausweichen und Vermeiden.* Wir müssen uns also die Frage stellen: Wem oder was weiche ich aus? Die einen sagen dem Zahnarzt (der Spinne, dem Tunnel), die anderen sagen: *Es ist die Angst, die wir vermeiden.* Ich schließe mich Letzterem an. Aus gutem Grund.

Und zum Ausweichen von Angstzuständen, gibt es *zahlreiche unterschiedliche Möglichkeiten.* Eine meiner Klientinnen ging - ausgerüstet mit einer Schokolade in der Handtasche (!) - über die größeren Plätze ihrer Heimatstadt. Wenn die Ängste überhand nahmen, fing sie an, Stück für Stück von der Schokolade abzubrechen und zu essen. Auch eine Möglichkeit der „Bewältigung" (besser: der Vermeidung).

Ein Pech ist es, wenn ein Höhenphobiker sich mit der Frau vom 12. Stock treffen will. Unser Frauenheld fand die Lösung: Er wartete jedes Mal, bis „ganz zufällig" eine weitere Person den Lift benützen wollte. Das funktionierte tatsächlich so lange, bis ihm seine eigene Frau hinter die Schliche kam. Doppeltes Pech.

Aus diesen Beispielen werden zwei Dinge offensichtlich: Man kann mit einer Phobie durchaus leben, aber, *wenn ich mit diversen Tricks meine Angst in Schach halte, dann wird die eigentliche Phobie nicht wirklich verschwinden.* Unter Tricks, das ist hoffentlich klar geworden, verstehe ich alle Mittel und Wege, die Angst *kurzfristig* zu überlisten.

Unter Angst „besiegen" verstehe ich aber: Mich dauerhaft und ohne Tricks frei bewegen zu können. Wenn das bisher erwähnte trickreiche Ausweichen paradoxerweise am Weiterbestehen der Phobie „schuld" ist, *dann muss ich logischerweise mit Konsequenz die Methoden des Ausweichens unterbinden und mich direkt mit der Angst konfrontieren.*

Das ist, zugegebener Maßen, harte Arbeit.

Auf den letzten beiden Seiten habe ich das „Vermeiden" in den direkten Zusammenhang mit Phobien gestellt. Das ist natürlich korrekt so, aber viel zu kurz gegriffen. Vermeiden ist eine unglückselige Strategie vieler Menschen bei der Gestaltung ihres Lebens in fast allen Bereichen und Phasen. Ist es nicht auch eine Vermeidung, wenn ich mich auf eine angebotene Stelle *nicht* bewerbe? Die neue Stelle enthält viele unbekannte, daher möglicherweise angstmachende Aspekte: höher gestellte Menschen, Ausländer (! = Fremdenangst), eine unbekannte körperliche Belastung ...

Kann nicht meine ganze Karriere ein Spiegel von Vermeidungen sein: vermiedene Kongress-Referate, vermiedene Kundenanbahnungen, zu rasch abgebrochene Verhandlungen, Alkoholkonsum im Geschäftsverkehr, ein abgebrochenes Studium ...

Die Liste ist ausbaufähig.

Die simple Konsequenz wäre: nicht vermeiden. Das allerdings ist nicht so leicht, wie es klingt, denn oft fällt dem/der Betroffenen selbst nicht auf, dass vermieden wird: Zu rasch springen hilfreiche Geister (sprich: Ausreden) zur Seite. Wie sagte doch der Junge über seine Flamme? „Die ist sowieso doof" - damit hat er sich selbst die Türe zugeschlagen, eine Beziehung einzugehen.

Abbildung 7:
Bei extremen Gefahren davonzulaufen hat sich bewährt.
Sonst hätte die Menschheit möglicherweise nicht überlebt.
Was allerdings „extreme Gefahren" sind - da gehen die Meinungen auseinander.

Symptome ohne Krank zu sein

Was ich nicht weiß ...

Hast du schon einmal jemand getroffen, der ernsthaft von sich behauptet hat: Ich weiß nicht, ob ich Zahnweh habe? Natürlich kann ich, wenn es richtig turbulent wird - im Verkehr oder im Stadion - für kurze Zeit sogar meinen Zahnschmerzen „vergessen", aber spätestens, wenn ich diese Person direkt nach Zahnschmerzen frage, wird sie klar sagen können, ob ja oder nein (wahrscheinlich auch ob leicht oder stark).

Genau diese Problematik möchte ich jetzt anschneiden – jedoch in Bezug auf psychische Störungen: *Weiß ich immer, ob ich Symptome einer psychischen Störung habe?* In der Regel ja – aber bei genauerer Betrachtung ... wird es schwieriger. Schauen wir uns ein paar „Fälle" an.

„Franky" stellte seinen Mann am Bau. (Ich muss gleich zugeben, dass dieses Beispiel veraltet ist, denn heute wäre so etwas rechtlich nicht mehr möglich). Also: Franky trank in der Sommerhitze täglich einen Kasten Bier. „Wenn du es nicht tust, fällst du entweder um, oder du wirst ausgelacht".

Gemeint ist: *Wenn sich alle gleich verhalten, fehlt dir die Möglichkeit etwas als Problem zu erkennen.* Du verhältst dich quasi „normgemäß", und Normen finden wir überall: Hier und überall auf der Welt. Anderswo sind Geister- oder Ahnenwahrnehmungen üblich, oder gefährliche Initiationsriten, oder Gewaltexzesse, oder ... (An dieser Stelle könnte man auch Gedanken an religiöse Inhalte riskieren).

Auch in der Arbeit kann ich erfolgreich meine „Tarnung" finden. Sibylles Leidenschaften sind Lesen und Schwimmen. Erst als Charly sie zum Schiurlaub einlud kam die Panik hoch: Seilbahngondeln? „Niemals". Karoline arbeitet im Archiv, u.zw. gerne; Kundenbetreuung: „Niemals". Sibylle und Karoline sind also happy und beruflich gut integriert. Das „Niemals" (bzw. „unmöglich, geht nicht") *kommt erst dazu, wenn sich die Situation ändert.*

Auch das gibt es: Manchmal ist es ein Wesenszug von Krankheiten, dass der Symptomträger sie nicht erkennen *kann*. Ein *Wahn* ist unter anderem dadurch bestimmt, dass der Symptomträger eine *hundertprozentige Überzeugung* von etwas Bestimmtem hat. (Beispiel:) „Ich werde von einem Außerirdischen beobachtet". *Auf den Grad der Überzeugung kommt es also an!* Nicht: „Möglicherweise werde ich …", sondern: „Es ist so. Punkt". Würde der Betroffene nur lose darüber räsonieren, ob ein Außerirdischer ihn beobachten könnte, dann würden Fachleute dieses nicht mehr als Wahn klassifizieren! Für den Betroffenen ist der Wahninhalt eine unumstößliche Realität.

Abbildung 8:
„Franky" auf seiner Baustelle. Alkoholiker haben über viele Jahre kein Krankheitsgefühl. Sie glauben fest daran, ihre Sucht im Griff zu haben.

Aber auch ein Mensch während einer *manischen Phase* würde eher dazu neigen, alle Anderen als faul zu bezeichnen, ehe er sich selbst als überaktiv wahrnimmt.

Und schließlich: Menschen können sich *betäuben*, ihre Depression (Angst, Sucht …) *durch Aktivitäten - berufliche wie soziale - in Schach halten.* Das funktioniert oft über Jahre. Dieser „fleißige Mensch" bekommt sogar noch eine Anerkennung dafür. Schlimm wird es erst dann, wenn es ruhig wird, wenn im Fernsehen "nichts Rechtes läuft", wenn Freunde nicht abheben, wenn die Kneipe zu hat, der Computer abgestürzt ist … Dann wird's zappenduster.

Es gibt also Tausend Möglichkeiten, sein Symptom nicht zu erkennen: taub stellen, wegschauen, weghören …

Autobiographisches Erinnern

Ich war Winnetou

Und wiederum: Ein kompletter Szenenwechsel.

Wie passt ein solches Thema/Kapitel in dieses Buch? Wir sind beim *Erinnern an frühkindliche Erlebnisse* angelangt. Die frühesten persönlichen Erinnerungen eines durchschnittlichen Europäers gehen zurück auf die Mitte des vierten Lebensjahres. Experten sind sich einig, *dass durch die höhere Wertschätzung des Kindes* das „Ich" - also das Gefühl eine eigenständige Person zu sein - früher ausgeformt wird. Dies wird als Basis dafür angesehen, was dutzendfach nachgewiesen ist:

Je genauer ein Mensch sich an persönlich Erlebtes erinnert, desto besser ist er gegen Depression abgesichert. Er (sie) ist weniger anfällig für Depression, und selbst wenn es ihn/sie „erwischt", dann erholt er/sie sich rascher und gründlicher davon. Das ist es doch wert noch ein bisschen mehr darüber zu lesen.

Wenn ich sage, sich *genauer an persönlich Erlebtes zu erinnern*, dann geht es um Folgendes: Es geht nicht um tägliche Routinetätigkeiten (wie Zähneputzen), sondern um relativ *einmalige Ereignisse,* die sich ziemlich genau datieren lassen und die man sich auch *gut bildhaft vorstellen* kann. Ein Beispiel, das für viele andere stehen kann: „Ich erinnere mich an meinen neunten Geburtstag; Ich war Winnetou, mein Bruder war Old Shatterhand. Bei diesem Spiel habe ich mir das linke Bein gebrochen". (Ich würde sagen, es ist trotzdem eine nette Erinnerung, aber ob nett oder schlimm, das ist aber hier *nicht* entscheidend).

Umgekehrt würden sich Frauen und Männer mit einem erhöhten Depressionsrisiko demnach an weniger Ereignisse erinnern, oder sie wären ziemlich *unkonkret:* „Meine Kindheit in Bayern war eigentlich recht angenehm", oder „Jedes Jahr zu Weihnachten gab es Karpfen." Das wären sehr allgemeine (bzw. „generelle") Erinnerungen.

Das „Depressionsrisiko" muss dabei nicht schwere, phasisch verlaufende Depressionen betreffen, es kann sich auch um „mildere" und mit anderen Ereignissen (z.B. Menstruation, nachgeburtliche Phase) verbundene Gemütsbeeinträchtigungen handeln.

Abbildung 9:
Erinnern ist wie Archäologie: Wertvolle Schätze sind oft nur schwer aufzufinden. Es ist wertvoll für die Persönlichkeitsbildung, das Selbstbewusstsein und ein Schutzwall gegen depressive Verstimmungen.

Wenn wir diese Ergebnisse ernst nehmen – und das sollten wir – dann können wir einer Depressionsanfälligkeit vorbeugen: *Durch eine bessere Abspeicherung* von Erlebtem (das heißt nichts anderes als eine bessere Verankerung von Ereignissen im Gedächtnis). Tagebuch-Schreiben wäre dafür eine probate Methode, mit Kindern Erlebtes abends noch

einmal durchzugehen oder sich erzählen lassen (da sind natürlich die
Eltern als Zuhörer gefragt). Auch „Entschleunigung" könnte helfen:
Sich Zeit lassen, genauer hinsehen, sei es im Zoo oder auf Gebäude,
auf Menschen. (Siehe auch: Achtsamkeit).

Den Kern der Aussage möchte ich nochmals festhalten: Wende dich
den Dingen der Welt genauer zu, möglichst mit allen Sinnen (das ist
genau das Gegenteil von Vollstopfen und Zudröhnen), dann bildest
du detailliertere Erinnerungen aus, und *detaillierte Erinnerungen bilden einen Schutzwall gegen depressive Verstimmungen.* Nun: Es ist kein
Allheilmittel, aber ein zusätzlicher Schutz.

Grübeln und der Selbstfokus

Warum? Warum bloß?

Was ist der Unterschied zwischen Nachdenken und Nachdenken? Genau darum geht es in diesem Abschnitt. Und auch dieser hat es in sich!

Geraldine (Das „G" natürlich mit dem schönen französischen „Sch" ausgesprochen) mühte sich zu Hause (und in meiner Gegenwart) redlich, um auf die Ursachen ihrer Depression zu kommen. Sie saß dann herum, eine Zigarette in der Hand und fragt sich: „Warum geht es mir so schlecht?" und „Warum ausgerechnet mir?", „Woher kommt diese Depression?" (Dazwischen zündete sie sich die nächste Zigarette an.)

Wenn das „Fragen" nun so weitergeht und Geraldine zu keinem Ende kommt, dann nennt man das ganz allgemein „Grübeln", in Österreich vielleicht „Sinnieren", im Anglo-Amerikanischen: Ruminieren, was öfter auch schon im Deutschen Verwendung findet. Also, Ruminieren bzw. Grübeln ist eine Form des „Nachdenkens", bei dem allerdings scheinbar, wie bei einer alten Schallplatte, die *Nadel hängen geblieben* ist. Es wiederholen sich ständig ähnliche Fragen, als wäre nach dem Fragezeichen ein Code programmiert, der befiehlt: Und nun dasselbe nochmals von vorne.

Das Entscheidende an dieser *ersten Form des Nachdenkens ist, dass es zu keinem Resultat führt,* weil es nie über das Fragezeichen hinausführt. Es ist, als würde eine unsichtbare Wand das Weitersuchen verhindern. Und in der Tat ist es häufig auch so.

Hier erst beginnt die „echte" psychotherapeutische Arbeit (mit oder ohne TherapeutIn): *Hinter dem Fragezeichen* würde das echte Suchen nach Ursachen und Lösungen beginnen. Nur so kommt man weiter.

Warum ist die Überwindung dieses Blocks nicht einfach? Zunächst wegen der oft schmerzlichen Konsequenzen, die einer Einsicht folgen könnten! Vielleicht liegen die Ursachen darin, dass ich unglücklich verheiratet bin, vielleicht habe ich meine Misere selbst verschuldet (zu früh eine Stelle gekündigt, zu viel Geld verspielt), vielleicht bin ich zu passiv, vielleicht blockieren mich andere Ängste? Es kommen zahlreiche – meistens jedoch lösbare – Ursachen infrage.

Abbildung 10:
Menschen mit Depressionen sind gute Beobachter,
verfügen über hohe Qualitätsansprüche
und liegen oft richtiger mit ihrem Urteil als nicht-depressive Menschen.

Der zunächst alles blockierende Grund liegt aber eindeutig da, *wo das Fragezeichen nicht als eine Aufforderung zur weiteren Suche nach Ursachen erkannt wird.* Erst ab diesem Punkt, wo ich beginne die Frage „Warum geht es mir so schlecht?" ernsthaft zu beantworten, kann eine

Besserung einsetzen. Zugegeben: Vielleicht ist es dann mühsam (vielleicht aber geht es auch ganz leicht!). Immerhin: Es geht aufwärts.

Damit wäre schon sehr viel gesagt. Trotzdem würde ich vorschlagen, noch ein wenig weiter auszuholen: Warum bleibt bei einem Menschen die „Nadel hängen", beim anderen nicht? Darauf gehe ich gleich im folgenden Abschnitt ein.

Selbstfokus und der „Attentional Switch"

Der Weichensteller

Es ist, wie so oft in der Psychologie: Es sieht spielerisch einfach aus, ist aber höchst kompliziert.

Beginnen wir doch mit einem einfachen Beispiel:

Du gehst mit deinem Freund Peter spazieren, dabei achtest du darauf was Peter dir über euren gemeinsamen Freund Vito erzählt; Sofort erinnerst du dich an das Gespräch mit Vito von gestern und vergleichst es mit dem, was Peter dir jetzt erzählt; Du formulierst deine Meinung zu den auftretenden Widersprüchen; Gleichzeitig achtest du natürlich auf den Verkehr beim Überqueren der Straße; Und nochmals gleichzeitig hältst du das Ziel eures Spazierganges (einen Aussichtspunkt) in Evidenz; Gleichzeitig behältst du im Auge, dass du am Rückweg ja noch etwas einkaufen solltest ... (War doch völlig unkompliziert! Wenn man`s kann!).

Was ist nun diese herausragende psychologische Fähigkeit, auf die in diesem Beispiel verwiesen wird? *Der kontinuierliche Wechsel der Aufmerksamkeitsrichtung!* Ich muss auf die Straße schauen (also „nach außen"), ich suche in meinem Gedächtnis (also „innen"), ich horche auf Peter („außen"), ich denke an meinen Einkauf („innen") ... Permanent und in Blitzeseile wechselt die Richtung meiner Aufmerksamkeit. Noch einmal: Wenn man es kann! Denn nicht alle Menschen können das im ausreichenden Maße. Einige sind mit dieser (scheinbaren) Gleichzeitigkeit überfordert. (Wir nehmen dies dann als Unaufmerksamkeit wahr: „Hab ich doch gerade gesagt, hast du nicht zugehört?")

Nun gibt es mehrere psychische Störungen, für die es geradezu charakteristisch ist, dass den betroffenen Personen dieser *Aufmerksamkeitswechsel* nicht ausreichend gelingt: Sie können nicht so gut „umschalten" und bleiben mit der Aufmerksamkeit bei sich selbst (d.h. „innen") hängen:

Silke B. schilderte mir ihren letzten Vorfall. „Es war ziemlich heiß, und jetzt (d.h. während der Schwangerschaft), schaute ich besonders auf mich und mein Wohlbefinden („innen"). Schon wegen des Kindes. Ich ging langsam spazieren, horchte in mich hinein („innen"), achtete auf Bewegungen im Bauch, auf meinen Herzrhythmus („innen"), dann habe ich meinen Puls gemessen, ich spürte ganz deutlich einen Temperaturanstieg, ich fühlte meine Stirne („innen"), die Wangen, mir war heiß, die Atmung ging stoßweise („innen")... und ... in kürzester Zeit spürte ich diese Panik, diese Angst vor der Ohnmacht („innen"), bloß jetzt nicht bewusstlos umfallen. Als mir unglücklicherweise noch einfiel („innen"), dass ich nicht einmal mein Handy dabei hatte, war es um mich geschehen („innen") ..."

Natürlich sind Schwangerschaft und Hitze Faktoren, die die Befindlichkeit erheblich beeinträchtigen können. Aber zur Panikattacke kam es, weil Silke *nicht mehr aus der Selbstbeobachtung herauskam* und in einen („inneren") Teufelskreis hineingeriet: Unregelmäßiger Herzrhythmus und (geringfügig) erhöhter Puls gehören zum „Normalfall" – aufgrund ihrer besonderen Umstände legte sie nach: Fühlen der Temperatur – sie wurde bestätigt (heiße Stirn), - Angst! – jetzt beobachtet sie auch noch das mühsame bzw. stoßweise Atmen – ein Teufelskreis, jede Beobachtung eines somatischen Angstzeichens verstärkt die Angst weiter – bis zur vollen Attacke.

Silke konnte diese Selbstbeobachtung nicht mehr durch eine Lenkung nach „außen" unterbrechen, was zur Panikattacke führte.

Es wird dich nicht wundern, dass *bei hypochondrischen Menschen* ebenfalls eine erhöhte Selbstbeobachtung vorliegt („Ich spüre es schon ..."), etwas überraschender ist für Viele, dass depressive Menschen ebenfalls häufiger beim „Innen" hängen bleiben (siehe unser vorheriges Beispiel: „Warum bloß? Warum geht es ausgerechnet mir so schlecht?")

Jetzt kommt das, worauf du möglicherweise schon gewartet hast: Kann man denn diese „Aufmerksamkeitslenkung" verbessern?

„Ja." „Und wie?"

Wie meistens: Mit Training und Übung. Eine vielbeachtete wissenschaftliche Untersuchung hat gezeigt, dass allein das Training des *Attentional Switch* (der englische Begriff für *Aufmerksamkeitslenkung*) – also ohne weitere Medikamente oder Psychotherapie – bei den in diesem Kapitel angesprochenen Problemen - Hypochondrie, Panikstörung und Depression - sehr gute Erfolge zeigte.

Die einfachste (und wahrscheinlich beste) Trainingsmethode besteht darin, dass du dir öfter Zeit nimmst: Für eine kurze Zeit (nur ca. eine halbe Minute, dafür mehrfach) achtest du gezielt auf Details deiner Umwelt, dann „gehst" du zurück zu dir (Körperbefindlichkeiten wahrnehmen, nach Jugenderinnerungen suchen), dann wieder nach „außen" u.s.w.

Und damit du nicht auf diese Übungen vergisst, schreibst du es dir auf ein Post-it und legst es auf deinen Frühstücksplatz. Los geht's.

Die verkehrte Welt

Ironic Processing: Paradox, paradox!

Vieles an der menschlichen Psyche scheint sehr „normal". Zum Beispiel, dass ich traurig werde, wenn ich einen geliebten Menschen verliere. *Manchmal benimmt sie sich aber auch seltsam oder gar paradox.*
Folgendes Verhalten wird oft beobachtet:
– Nimmt sich jemand ganz fest vor weniger zu rauchen, dann wird diese Person (paradoxerweise) sogar mehr rauchen als zuvor.
– Ein anderer glaubt seinen Sexualtrieb unterdrücken zu müssen und versucht mit aller Willenskraft weniger zu onanieren. Das gleiche Ergebnis: Wahrscheinlich steigert sich sogar die Häufigkeit.
Das nennen wir doch zurecht paradox, oder etwa nicht?

Was wache Menschen an sich oder Anderen schon beobachtet haben, konnten Wissenschaftler übereinstimmend bestätigen. Für diejenigen, die sich für die seelischen Abläufe interessieren, kann ich nachstehend relativ plausibel darstellen, warum das eigentlich so sein muss!
Ich denke an die Kindertage, als mich meine Mutter zum Einkaufen schickte: „Kauf bitte ein ´Viertel´ Butter, zwei Liter Milch und ein Kilo Brot." Ich starte los und sagte mir auf dem Weg vor: „Ein Viertel Butter, zwei Liter Milch und ein Kilo Brot, ein Viertel Butter …" Nachdem ich zu stolz war einen Merkzettel mitzunehmen, musste ich den Auftrag in meinem Gedächtnis „wachhalten".
Und genau darum geht es: *Wir halten häufig etwas im Gedächtnis wach, was wir nicht vergessen wollen oder sollen* (Anrufe, die ich tätigen soll, einen Termin …). Hierbei beschäftigen wir unser *Arbeitsgedächtnis*.
Damit ist das vorher angesprochene paradoxe oder seltsame Phänomen schon fast erklärt: „Ich soll nicht rauchen, ich soll nicht rauchen, ich soll nicht …" *Was ich versuche zu unterdrücken, wird im Arbeitsgedächtnis wachgehalten!* Und somit kreist das „Rauchen" ständig im

Kopf herum *und erinnert mich an meine Zigaretten* (Genauso verlässlich, wie ich schließlich Butter, Milch und Brot nach Hause brachte,
werde ich bald schon die Zigarette zücken).

Eigentlich ist das jetzt nachvollziehbar und gar nicht mehr so paradox: Es funktioniert eigentlich perfekt. Nein *ich will heute nicht Trinken, ich will nicht Spielen* (Spielbank), *ich will nicht an den rosaroten
Elefanten denken*, ich will nicht Kreuzworträtsel lösen (anstelle des
Lernens), ich will nicht an (meine verlorene Liebe) Kathy denken,
und ... ich will nicht stürzen, nicht stürzen, nicht stürzen ...!

Vielleicht wartest du jetzt auf ein Beispiel aus meinem psychotherapeutischen Alltag. Kann ich gerne bringen: Ein ca. 40-jähriger Mann
(Bernd K.) litt an sehr unangenehmen Schluckstörungen. Immer
blieb ihm Essen im Hals stecken, obwohl er sich wirklich mühte, nur
kleinste Stücke abzuschneiden und diese auch gut zu kauen. Es kam
zu ernsthaften Erstickungsanfällen, und nur mit Mühe gelang es ihm,
die Toilette zu erreichen um die kleinen Brocken irgendwie wieder
herauf zu würgen (Ich bitte euch, dieses eher unappetitliche Szenario
zu entschuldigen, aber es war seiner Schilderung nach wirklich drastisch). (Kurzer Einschub: Was würdest du als TherapeutIn in so einem
Fall machen?)

Zwischenbemerkung: Erinnere dich jetzt an das eben geschilderte
„paradoxe" Phänomen (Zu viel „dran denken" kann ein störendes Verhalten auslösen).

Die gezielt eingesetzte Intervention – für meinen Klienten wirkte
sie allerdings wie beiläufig - ging folgendermaßen vonstatten:

Ich bat Herrn K. um Verständnis, dass ich nicht sofort direkt auf das
Symptom eingehen könne, da ich unbedingt vorher noch Verschie-
denes abklären müsse: Gab es Traumatisierungen? Wie waren seine
Kindheit, die Eltern, die Ausbildung? Gibt es im aktuellen Leben Probleme, Belastungen, Stress? Gab es wesentliche körperliche Erkran-
kungen? Usw. „Das kann vielleicht zwei oder sogar mehr der nächsten

Stunden in Anspruch nehmen. Bis dahin ersuche ich Sie um Geduld – ich komme aber bestimmt baldmöglichst auf Ihr Kernproblem zurück. Und bis dahin müssen Sie damit leben, aber Sie können es jetzt ganz beruhigt einmal ʹzur Seite stellenʹ. Sie können beruhigt sein, am Besten wäre es, wenn Sie diese Zeit mit etwas Schönem überbrücken würden, mit etwas, was Sie sich schon gewünscht haben, vielleicht mit einem Krimi?ʺ

Es hat perfekt funktioniert.

Einige von euch werden es erkannt haben. (Dieses Vorgehen könnte man auch der Hypnotherapie zurechnen. Dort würde man es wahrscheinlich so bezeichnen: Aufhebung der Krankheitstrance). Die Überlegung bestand darin, *dass jeder direkte Behandlungsversuch eigentlich eine weitere Fixierung auf das Symptom* (ein Würgereflex) bedeutet hätte. Ich suggerierte ihm sanft, dass er sein Symptom vergessen könne … *Die Aufmerksamkeit wurde erfolgreich von der Schluckstörung abgezogen* (d.h. im Arbeitsgedächtnis deaktiviert), und bald verlor sich der angelernte Reflex.

Die Kraft der Assoziation

Mein Brot ist tot

Werfen wir nun einen Blick auf eine weitere elementare Funktion unseres Denkens und wenden uns den *Assoziationen* zu.

Wer „München" sagt, denkt auch an „Bayern", und wer „Apfel" sagt denkt auch an "Birne". Diese gedächtnismäßige Verknüpfung zwischen Apfel und Birne nennen wir *Assoziation. Sämtliche Begriffe unserer Sprache sind auf diese Weise verbunden und bilden ein Netzwerk.*

Nun muss ich dringend eine kleine Ergänzung - vornehmen: Vielleicht denkst du auf ´Apfel´ hin *nicht wirklich bewusst* ´Birne´ - auf jeden Fall aber wurde durch den ´Apfel´ die ´Birne´ im Gehirn *angestoßen*, d.h. *aktiviert*. Darüber hinaus wurden mit ´Apfel´ sogar noch weitere Begriffe angestoßen, wie ´Baum´, ´Kern´ und ´Strudel´. Dir fallen sicherlich auch noch weitere Assoziationen zu ´Apfel´ ein: Supermarkt, Schneewittchen, Südtirol, Stamm, Kompott. Manche dieser Assoziationen sind stärker (Apfel mit Baum) andere wahrscheinlich schwächer (Apfel mit Schneewittchen).

Stärker assoziierte Begriffe fallen einem meist rascher und verlässlicher ein als andere. Und das ist gut so. Es ist (energie-)ökonomisch und spart Zeit. Auf diese Weise können wir ziemlich fließend sprechen. Meist ist es ja sogar so, dass wir einen Satz beginnen, ohne vorher schon zu wissen wie er weiter lauten soll. „Heute Abend könnten wir" - das ist nur der Satzanfang - und schon werden im Gehirn aktiviert: Kino / Theater / Fernsehen / Spazieren – somit es ist jetzt relativ leicht, den Satz fertigzustellen.

Wir nähern uns somit auf eine weitere Weise dem Problem „psychische Störungen", und zwar über den Weg *ungünstiger bzw. falscher Assoziationen:* Bezeichnest du deine Frau als „wunderlich" (statt als „wunderbar"), dann hast du ein bisschen „danebenassoziiert". Knapp daneben ist aber auch daneben.

Ich kann relativ leicht auch *klangliche Assoziationen* bilden (dort wo sie nicht angemessen sind; z.B. „Mein Brot ist tot") oder anderen Irritationen unterliegen.

Noch schwieriger wird es, *wenn ein einzelnes Wort mehrere Bedeutungen hat,* wie z.B. die „Bank": Die Bank im Park, die Bank als Geldinstitut, die Bank, die ich auf meinem Wettschein spiele, vielleicht auch die Sandbank im Fluss (und würden wir es nur hören, dann sogar der „Punk").

Jetzt sind wir am Ziel angekommen: Einem, inzwischen leider verstorbenen Patienten aus unserer Klinik riet ich: „Leg bitte dein Geld auf die Bank" – was er auch tat. Ich fand es am frühen Morgen auf einer Parkbank unseres Krankenhauses. Eigentlich tat er, was ich ihm riet.

Es ist ihm nur ein winziger (aber entscheidender) Fehler bei seinen Assoziationen unterlaufen. Im Grunde ist es nicht viel anders, als würdest du bei der Prüfung Goethe mit Schiller verwechseln!

War das ein Einzelfall? Überhaupt nicht.

Und nun eine kleine Testaufgabe für dich: Nachstehend sind sieben Begriffe – **ordne diese Begriffe in *zwei* Gruppen, so wie du glaubst, dass sie zusammen gehören** (mit anderen Worten: *Bilde aus den sieben Wörtern zwei ´homogene´ Gruppen*):

Die sieben Begriffe lauten:

Hund - Kamin - Pferd - Haus - Stier - Dach - Vogel

Deine Antworten:

Gruppe 1: _____

Gruppe 2: _____

Die Antwort meines Patienten (es war übrigens der gleiche wie der, der sein Geld auf die Parkbank legte): Er bildete eine Gruppe aus den Wörtern *mit vier* und eine zweite Gruppe aus den Wörtern *mit fünf Buchstaben*. Selbstverständlich ist seine Lösung genauso ´richtig´ wie deine; auf alle Fälle aber *ungewöhnlich* und selten!

Hier war es ein kleines Spiel oder ein Rätsel. Wie aber sieht die Wirklichkeit aus? Die Kommunikation kann sehr schwierig werden, wenn wir ungewöhnlich assoziieren oder Kategorien bilden.

Einmal haben wir eine Patientin gebeten, unsere kleine Bibliothek zu überprüfen bzw. neu zu ordnen, eine Aufgabe die sie gerne übernahm, zumal es etwas „Kohle" dafür gab. Sie hat die Arbeit wunderbar erledigt: Unsere Bücher waren tatsächlich völlig neu geordnet: Nach Regenbogenfarben! Der Fehler lag natürlich bei mir, denn ich hätte sie genauer instruieren müssen. Allerdings war mir so etwas vorher nicht passiert, also dachte ich nicht an diese originelle Lösung.

Bist du jetzt davon überzeugt, dass *Assoziationsschwächen* oder ´originelle´ *Kategorisierungen* als psychisch auffällig gelten können?

Und nicht vergessen: Wir kategorisieren und assoziieren fortlaufend!

Kleiner Gedächtnisfehler mit großen Folgen

Ein Zebra ging durchs Brandenburger Tor

Fast jeder Mensch hat irgendetwas, wovon *Andere* sagen: Das ist verrückt, das würde ich nie tun. Zum Beispiel: Briefmarken sammeln, oder sich die Haare blau färben lassen. Es ist nur eine Frage der Perspektive und der Toleranz, die man anderen Menschen bzw. Verhaltensweisen gegenüber aufbringen kann. Würdest du jemand schon für verrückt erklären, *nur weil er seine Brillen verlegt hat* (und sie momentan nicht findet), oder sich in der Eile den Auto-Abstellplatz in der Tiefgarage nicht gemerkt hat?

Das war eine kurze, aber notwendige (!) Einleitung zum nächsten „Fall", der jedoch viel dramatischer aussieht, als vielleicht das Brillenverlegen, *obwohl er die gleiche Wurzel hat.*

Jetzt heißt es mitdenken – dann ist die Lösung ganz einfach.

Claudia spielte anlässlich ihres Geburtstages mit ihrem Opa *ein Phantasiespiel,* von denen du bestimmt auch einige kennst (Zum Schluss gibt es üblicherweise Punkte und einen Sieger). Sie bat ihren Opa, die Augen zu schließen und *sich folgende Szene vorzustellen:* Ein Zebra geht durchs Brandenburger Tor.

Sollte sich Opa später wieder einmal an diesen netten Geburtstag erinnern, so werden ihm zwei (!) Dinge in den Kopf kommen: Zum einen, *dass Claudia ihn zu dieser Phantasie angeregt hatte,* und zum anderen *die Phantasie selbst:* „Ein Zebra geht durchs Brandenburger Tor". Wunderbar.

Bloß: Opa hatte auch früher schon Brillen verlegt, er hat nämlich ein kleines Gedächtnisproblem. *Dieses Mal hat er den ersten Teil der Geschichte vergessen (nämlich, dass Claudia ihn zur Phantasie aufgefordert hatte.)* Das Bild mit dem Zebra unterm Brandenburger Tor hingegen war klar vorhanden. Opa erzählt es heute noch gerne: „Ja, ich hab es gesehen - ich kann mich zwar nicht mehr daran erinnern, wann es war, aber ich sehe es noch klar vor mir, wie das Zebra durch das Tor geht."

Nochmals: *Weil Opa vergessen hatte, dass es lediglich eine Phantasie war*, hält er jetzt dieses Bild mit dem Zebra für eine wirklich vorgekommene Sache!

Darauf stoßen wir doch öfter: Dass Menschen Dinge behaupten, die nicht stimmen – aber nicht weil sie lügen, nein: Weil sie überzeugt davon sind, dass es so war/ist.

Ich möchte das nicht nur anderen unterstellen, sondern mich selbst „outen": Es ist schon vorgekommen, dass ich überzeugt davon war, irgendjemand hätte aus meiner Bibliothek ein Buch entnommen und es nicht zurückgebracht. Da war ich natürlich ziemlich gereizt, bin in Gedanken durchgegangen, wer denn dafür besonders verdächtig wäre, und auch, dass ich nie mehr Fachbücher herleihen werde.

Zwei Tage später fand ich das „geklaute" Buch wieder, u.zw. in meinem Zimmer, unter einem Stapel von Zeitschriften.

Alles klar? Das kommt doch schon nahe an den ´Jemand klaut-mir-Bücher-Wahn´ heran bzw. an den „Fall Zebra" von oben. Ein kleiner Gedächtnisfehler – das war es in beiden Fällen – mit möglicherweise krassen Folgen.

Die letzten beiden Artikel kurz zusammengefasst, haben wir ein beeindruckendes Phänomen vor uns:

Als mein Patient das Geld auf die Parkbank legte, hatte er nicht einmal Goethe mit Schiller verwechselt, sondern nur Bank mit Bank. Und der Opa hatte lediglich vergessen, wo er das Bild mit dem Zebra her hatte. Minimale Fehler - große Folgen.

Gegen die Gene ist (k)ein Kraut gewachsen

Am Beispiel der Schizophrenie

Es soll schon vorgekommen sein, dass eine weiße Mutter ein süßes, zimtbraunes Baby zur Welt brachte. Hier scheint es ziemlich unstrittig, dass sich „genetisches Material" eingeschlichen hat (oder sonst wer). Hautfarbe ist eine recht eindeutige Information, die wir zudem auch schon ab dem ersten Lebenstag feststellen können.

Eine solche „genetische Weitergabe" wird übrigens bei Hochbegabten, Musikern, Kriminellen, Glatzköpfen und vielen, vielen anderen Menschen bzw. Eigenschaften diskutiert. Auch im Bereich der psychischen bzw. mentalen Störungen wird immer wieder festgestellt, *dass es einen „gewissen Anteil" an genetischer Belastung gibt.*

Dieser Satz enthält so viel Sprengstoff, dass ich gleich eingangs eine ausdrückliche Warnung aussprechen möchte. *Zu leicht ziehen wir den falschen Schluss:* „Weil mein Vater Alkoholiker war, *muss* ich doch auch trinken – ich kann ja gar nicht anders". (Normalerweise wird diesen Satz zwar niemand auf diese Weise aussprechen, aber *Menschen eignen sich oft selbst die entsprechende Überzeugung an, was mindestens genauso gefährlich ist*).

Ich gehe davon aus, dass du den nächsten Fallstrick schon längst entdeckt hast, trotzdem möchte ich direkt darauf hinweisen, weil es wirklich ausgesprochen wichtig ist: *Es werden auch Kinder von Nicht-Alkoholikern zu Alkoholikern!* Oder Kinder von Nicht-Kriminellen zu Kriminellen, etc.

Nun müssen wir einen wichtigen Schritt weitergehen: Wir alle verwenden in Gesprächen als auch im Denken „Kürzel" – alles andere wäre unglaublich aufwändig. Wir reden also oder ziemlich gedankenlos von "schizophren" und „zwanghaft". Aber was genau hinter diesen pauschalen Begriffen steckt, das lassen wir weg. *Wir könnten aber auch*

jedes dieser „Kürzel" auflösen in viele Details, für die dieses Kürzel steht.
Nehmen wir uns doch ein hinlänglich bekanntes „Kürzel" vor:
„Die Leseratte". Nicht eine, sondern zahlreiche Eigenschaften müssen zusammenwirken, damit schließlich eine „Leseratte" entsteht: „Sitzfleisch", Motivation, Grad der Wachheit, Merkfähigkeit, Sehvermögen, Verarbeitungsgeschwindigkeit, Kenntnis der Buchstaben, Erkennen von Wörtern, Kenntnis der Begriffsbedeutungen, Konzentration,Attraktivität von Alternativen (wie Fernsehprogramme, etc.) ... Und wiederum könnten wir (z.B.) die „Merkfähigkeit" weiter aufdröseln (was ich aber hier aus Platzgründen besser bleiben lasse).

Was will ich damit sagen?: Genetisch geben wird *nicht ein einzelnes,* globales Verhalten weiter (Schizophrenie oder „Leseratte"), *sondern ganze Bündel* unterschiedlich kombinierter elementarer Eigenschaften.

Was stützt diese Überlegung? Zunächst einmal steht das Etikett „Schizophrenie" selbst schon für eine Gruppe recht unterschiedlicher Erscheinungsformen einer Krankheit. Somit liegt Heterogenität vor, was aber noch kein genetisches Problem darstellt, sondern eines der Diagnostik.

Ein stärkeres Argument ist die Entdeckung der sogenannten *Spektrum-Störung* („Spektrum-Disorder"). Diese besagt, dass eine schizophrene Erkrankung einer Mutter oder eines Vaters nicht 1 :1 übertragen wird. Zwar ist das Erkrankungsrisiko von Nachkommen bei belasteten Müttern bzw. Vätern erhöht, aber unter den belasteten Nachkommen befinden *mehrheitlich (!) Persönlichkeitsstörungen, depressive Störungen und Personen mit Substanzmissbrauch,* und in nur weniger als 50 % der Fälle Menschen mit einer „Schizophrenie".

Aufgrund der Vielschichtigkeit der Ergebnisse genetischer Studien zur Schizophrenie lohnt es sich, die wesentlichen Forschungsmethoden kurz anzusehen. *Diese gelten im Prinzip auch für andere Störungen.* Hier gilt es also darüber nachzudenken, *wie denn wissenschaftliche Arbeiten (Forschungsmethoden) aussehen können, die sich mit der Erblichkeit von Krankheiten befassen.* Es ist ja eine Frage, die jedem unter den Nägeln brennt: Ist mein Verhalten (meine Krankheit) angeboren? Und wenn es so ist, habe ich dann endgültig Pech gehabt? – denn, was könnte ich schon gegen die Gene ausrichten?

Wie gesagt: So einfach ist es nicht! Da ist noch viel Spielraum, und „Schwarz-weiß-Denken" tut selten gut. Die viel adäquatere Frage wäre schon: Muss ich davon ausgehen, dass mein Problem genetisch *mit*-verursacht ist? Denn dann kann man optimistisch weiter drüber reden.

Adoptionsstudien

In diesem Abschnitt zeige ich tatsächlich beschrittene Wege der Forschung auf. Die hier angedeuteten Möglichkeiten kann man vielfältig abwandeln. Grundsätzlich sind solche Studien sehr aufwändig und nur größere Forschungsinstitutionen können diesen Aufwand leisten.

Im Standardfall geht man von der Untersuchung größerer Gruppen von Menschen aus (Von einem einzigen Fall, einer einzigen Person, würde ich mich nie trauen, auf andere Fälle zu schließen. Es sei aber angemerkt, dass das intensive Studium von Einzelpersonen die Möglichkeit eröffnet, mehr in die Tiefe zu gehen um individuelle Besonderheiten zu ergründen.)

Wir untersuchen also eine Gruppe von Menschen (die Zahlen sind fiktiv; z.B. 30 Männer zwischen 40 und 50 Jahren), die mit einer Diagnose „Schizophrenie" zur Behandlung kamen; Dazu noch eine *Vergleichsgruppe* von Personen gleichen Alters und Geschlechtes, bei denen jedoch mit hoher Gewissheit auszuschließen ist, dass sie unter Schizophrenie leiden oder gelitten haben (Vielleicht sollte ich hier anmerken, dass die Krankheit „Schizophrenie" in aller Regel in Untergruppen aufgeschlüsselt wird).

Nun können unsere Forscher *die Eltern* dieser Männer aufsuchen. Angenommen, wir finden heraus, dass diese *Eltern* (Väter, Mütter, oder beide) häufiger an „Schizophrenie" erkrankt sind oder waren (verglichen mit den Eltern der Männer aus der gesunden Vergleichsgruppe), dann wäre dies ein starker Hinweis darauf, dass ein gewisser Grad an Erblichkeit vorliegt.

Es kann nun sein, dass wir viele dieser Eltern wegen des höheren Lebensalters nicht mehr antreffen. Also wird man die „Richtung" der Suche umdrehen: *Anstelle der Eltern untersucht man deren Kinder.* Hier begegnen wir allerdings einem neuen Problem: Diese dazugehörigen Kinder sind meist noch zu jung und wir würden die Erkrankungsrate stark unterschätzen, da etliche dieser „Kinder" vielleicht *noch nicht* erkrankt sind, obwohl eine genetische Belastung vorliegt (Das mittlere Erst-Erkrankungsalter liegt nämlich in den Dreißigern).

Die Forscher müssen nun viele Jahre abwarten: mindestens bis diese „Kinder" ihr vierzigstes Lebensjahr erreicht haben. Es bietet sich aber trotzdem an, diese Kinder bereits im Schulalter erstmals zu untersuchen, und dann wiederholt in größeren Jahresabständen. Dadurch erhält man zusätzliche Informationen über Auffälligkeiten später Erkrankter im Jugendalter bzw. über Verläufe.

Wir haben nun deutliche *Hinweise* auf Erblichkeit erhalten. *Streng genommen dürfen wir jedoch jetzt noch immer nicht annehmen, dass Schizophrenie vererbt ist!* Warum? Es könnten nämlich starke *Erziehungs- oder Milieueinflüsse* vorliegen, die für die Erkrankung verantwortlich sind bzw. dazu beitragen.

Aber können wir denn diese Erziehungs- oder Milieueinflüsse ausschließen?

Weitgehend, ja! Solche Studien sind allerdings nochmals aufwändiger (dafür vom Ergebnis her verlässlicher). Fahren wir also fort:

Nach der selben Logik wie oben suchen wir wieder nach verschiedenen Eltern-Kind-Paaren. Dieses Mal aber liegt das besondere Augenmerk auf der Untersuchung von *adoptierten Kindern, die entweder von schizophren belasteten oder von gesunden leiblichen* Eltern stammen.

Wenn die adoptierten Kinder von genetisch belasteten (d.h. schizophrenen) Eltern erhöhte Erkrankungsraten aufweisen - gegenüber adoptierten Kinder von nicht-belasteten Eltern -, dann spricht das für ein „Durchschlagen" der genetischen Belastung. Die Daten können als sehr verlässlich angesehen werden, da somit der Erziehungs- bzw. Milieueinfluss kontrolliert wurde.

Eine sehr selten vorkommende, aber feine Variante von Adoptionsstudien besteht darin, dass adoptierte leibliche Kinder „gesunder Eltern" sehr früh schon von Adoptiveltern angenommen wurden, die später selbst eine schizophrene Krankheit ausbilden (somit wäre die genetische Belastung ausgeschlossen, der Milieueinfluss aber gegeben). Die Anzahl der bekannten Fälle reicht aber hier nicht für schlüssige Aussagen.

Zwillingsstudien

Man kann das Ausmaß des genetischen Einflusses auch auf andere Weise bestimmen.

Die Erblichkeit einer Krankheit sollte sich nach „biologischer Nähe" unterschiedlich niederschlagen: Eineiige Zwillinge stehen sich biologisch/genetisch näher als zweieiige Zwillinge (Ebenso wie ein Kind dem Vater genetisch näher steht als dem Onkel).

Wiederum machten sich die Forscher auf die Suche nach „schizophrenen" Eltern(-teilen) mit Zwillingskindern - eineiigen und zweieiigen! Tatsächlich haben sich die Erwartungen bestätigt, dass die Erkrankungsrate (d.h. Ähnlichkeit) *beider Zwillinge deutlich höher* ist, als wenn es sich um *eineiige* Zwillinge handelt.

Analog dazu müsste die Krankheit bei Kindern öfter auftreten (= Erkrankungsrisiko), wenn beide Elternteile Schizophrenie „zeigen", als wenn dies nur bei einem Elternteil der Fall ist.

Mir ging es hier darum, die grundsätzliche „Forschungslogik" aufzuzeigen, ohne aber Details zu zitieren. Kurz noch das Wesentliche von den Ergebnissen: Eine Erblichkeit für Schizophrenie scheint außer Streit zu stehen. (Sogar *nicht manifest erkrankte* eineiige Zwillinge (!) eines erkrankten Geschwisters scheinen als Träger („Carrier") die Krankheit weiterzugeben).

Abbbildung 11:
Hier ist zwar nicht der Platz, näher auf die Behandlung von Menschen mit schizophrener Störung einzugehen, eines aber soll vorweggenommen werden: Übertriebene Zuwendung ist nicht unbedingt hilfreich. Also bitte: „keine Divino Amore"!

Allerdings steht genauso fest, dass Vererbung *keinesfalls der einzige Risikofaktor ist.*

Warum ich das Beispiel der „Schizophrenie" hier darstelle, obgleich diese Krankheit nicht gerade ein „Paradefall" für so ein Buch, wie das vorliegende, ist?

Es gibt mehrere Gründe dafür: *Zum einen schließt auch ein nachge-
wiesener „genetischer Krankheitsanteil" Selbststeuerung bzw. Selbstregulie-
rung nicht aus* – sie kann nur nicht der alleinige Therapieansatz sein.

Zum anderen kommen wir bei der Diskussion therapeutischer
Selbsthilfe, wie auch bei Inanspruchnahme von Psychotherapie
grundsätzlich nicht um *ethische Überlegungen* herum. Bei keiner der
psychischen Störungen. Dies führt uns sehr rasch an den Kern gesell-
schaftspolitischer Themen - die wir hier zwar nicht lösen, aber zumindest ansprechen können:

Unsere Gesellschaft, und nicht nur die Wirtschafts- bzw. Arbeits-
welt, übt zunehmend mehr Leistungsdruck aus. Gerade für genetisch
mitbedingte Beeinträchtigungen ist bekannt, dass sie durch Stress
ausgelöst bzw. verstärkt werden können.

Von gravierender Bedeutung sind natürlich auch Überlegungen zur
Reproduktion: Wie sollte man sich im Falle einer Schwangerschaft
verhalten? Letztlich ist diese Frage immer individuell zu klären, aber
bereits im Vorfeld (einer Beziehung bzw. einer Schwangerschaft) ist
jede Frau / jeder Mann angehalten, eine dezidierte Haltung einzuneh-
men. Was im Falle einfacher Angststörungen eine nur geringere Rolle
spielt, kann bei einer stärkeren genetischen Belastung wie bei einer
Schizophrenie schon bedeutsamer werden.

Eine sachliche und faire Kommunikation über jede Art psychischer
Störung sollte in jeder beginnenden bzw. auch nur temporären Beziehung Platz finden. Vielleicht ergibt sich daraus sogar eine gute
Möglichkeit einer gemeinsamen Krankheitsbewältigung. Mit großer
Sicherheit ist jedoch eine Verheimlichung einer vorliegenden Erkrankung bzw. genetischen Belastung ein Keim für spätere Beziehungs-
konflikte.

THERAPIE

Die „richtige" Psychotherapie

Bei 500 wurde aufgehört zu zählen. Mehr als 500 unterschiedliche Psychotherapieformen werden also angeboten und die Vertreter dieser Therapieschulen sind meist davon überzeugt, die richtige und beste Therapie anbieten zu können. Es scheint damit also zumindest 500 unterschiedliche Sichtweisen von Menschen mit psychischen Störungen zu geben. Das ist schon beachtlich – und für den Hilfesuchenden irritierend!

Ganz so schlimm ist es nun in unseren Breiten nicht. Psychotherapie ist gesetzlich geregelt, und nur wenige der fünfhundert „Psychotherapieschulen" oder „Psychotherapierichtungen" wurden durch die verantwortlichen Zulassungsgremien anerkannt. Dabei handelt es sich in aller Regel um Gruppierungen, die auf eine Fülle von Forschungsergebnissen verweisen können und die eine transparente, funktionierende Organisation aufweisen: Ausbildungsrichtlinien, entsprechendes Lehrpersonal u.a.m. Somit bleibt nur noch ein gutes Dutzend an relevanten Therapieschulen über.

Aber auch die jetzt noch verbleibende Vielfalt wäre für Laien eine Herausforderung, gäbe es nicht noch weitere Faktoren, die die „Qual der Wahl" reduzieren helfen. Erstens: Häufig gibt dir der/die zuweisende Arzt/Ärztin konkrete Hinweise und wird dir bei einer Entscheidung helfen. Zweitens: Viele Therapeutinnen und Therapeuten haben mehrere der angebotenen Ausbildungen absolviert – decken somit ein breites Spektrum ab. Drittens überlappen sich die unterschiedlichen Therapieformen de facto und behaupten Gleiches mit unterschiedlichen Worten. Und zu guter Letzt: Von den anerkannten Therapierichtungen weist jede für sich gute Erfolgsquoten auf.

Man kann sich also kaum falsch entscheiden.

Vielleicht führen tatsächlich mehrere Wege nach Rom. Der neueste Stand in der Therapieforschung deutet genau in diese Richtung: *Es ist weniger die spezifische therapeutische Methode die wirkt, sondern vielmehr die Beziehung zwischen KlientIn und TherapeutIn.* Das Vertrauen und die Glaubwürdigkeit die entstehen sind die Basis für die Wirksamkeit.

Das Wirrwarr, bestehend aus mehr als 500 Therapieformen, *hat sich somit deutlich gelichtet.* Es gibt aber doch manchmal gute Gründe den Therapeuten oder die Therapeutin zu wechseln: Wenn sich das Vertrauen in die Person des Therapeuten, das Vertrauen in dessen Qualifikation, und auch eine gewisse Sympathie ihm/ihr gegenüber nicht einstellen wollen, dann sollte man einen Wechsel durchaus überlegen. Trotzdem wäre es gut, genau diese Absicht in einer Therapiesitzung zu thematisieren.

Fallstricke der Psychotherapie

Therapeutinnen und Therapeuten sind heute besser ausgebildet denn je. Das Fachwissen ist umfangreich und die Auslese streng. Dennoch wäre es vermessen zu behaupten, dass immer alle alles richtig machen und keine Fehler vorkommen würden.

In diesem Abschnitt spreche ich nicht vom groben und offensichtlichen Fehlverhalten, wie Missbrauch, Brechen der Schweigepflicht – all das ist natürlich gesetzlich verboten und wird in der Regel streng sanktioniert - sondern über *Probleme im praktisch-therapeutischen Vorgehen,* die sich in der komplizierten Begegnung zwischen Menschen ereignen können, obwohl beide mit lauteren Absichten antreten um gemeinsam etwas zu erreichen.

Die Beispiele, die ich anschließend darstelle, sind willkürlich ausgewählt. Sie stammen zum Teil aus eigener Erfahrung oder wurden in Supervisionsstunden von anderen Therapeutinnen berichtet. Sie könnten sich tausendfach, in krasser oder in milderer Form, mit und ohne Konsequenzen, ereignet haben oder ereignen.

Warum dieses Kapitel hier? Zum einen könnte es sein, dass du selbst in Therapie bist oder vor hast, dich in Therapie zu begeben.

Was ist ein „Fehler"? In vielen Fällen ist es schwierig, festzumachen was eigentlich richtig bzw. falsch wäre. Eine Psychotherapie besteht (meist) in der *Begegnung* zweier Menschen mit ihren eigenen Gefühlen, unterschiedlicher sprachlicher Ausdrucksfähigkeit, Risiko-Einschätzung, eigener Vergangenheit in einem jeweils eigenen kulturellen Umfeld, eigenen Traumatisierungen und aktuellen Belastungen. Sie ist gleichzeitig ein *Prozess,* sodass die heutige Behandlungsstunde anders verläuft, als die vorangegangene bzw. die nachfolgende. Niemand ist abgeschottet gegen *äußere Einflüsse,* jeder hat Phantasien – die auch das momentane Gegenüber betreffen. Die zwei Menschen, die aufeinander treffen, *kennen sich nicht,* sind einander fremd ...

Du siehst, schon diese Konstellation ist hochkomplex - eigentlich auch ein ideales Feld, um sich selbst besser zu studieren.

Nachfolgend also nun ein paar Beispiele, wie sie sich aus dieser schwierigen Ausgangssituation ergeben können. Selbstverständlich kann es sich hier nur um eine winzige Auswahl handeln. Sie sollen, wie vieles in diesem Buch, die Sensibilität für das Geschehen und die Therapie-Dynamik erhöhen.

Welche Sprache sprechen Sie?

In meiner Ausbildungszeit als Therapeut wurde ich (als stiller Beobachter) Zeuge folgender Szene: Der/die TherapeutIn sagte zu einer depressiven Patientin – einer Kleinbäuerin – sie solle sich doch einmal drei Wochen Malediven gönnen. Die Patientin antwortete mit einem aufgescheuchten „Ha?"

„Ha?" bedeutet bei uns *das absolute Nichtverstehen.* „Was meinen Sie, ich habe sie nicht verstanden?", oder: „Was glauben Sie denn, wie ich das machen sollte, ich kann doch das Vieh nicht alleine lassen?"

Dies ist *ein typischer Fall, wo Menschen mit unterschiedlichem sozialen Hintergrund* (Kleinbäuerin versus AkademikerIn) aufeinander treffen und sich nicht verstehen. Dieses Nichtverstehen *muss natürlich nicht* passieren, und so krass, wie in diesem Beispiel ist es auch selten. Gelegentlich aber redet man aneinander vorbei, und vielleicht sogar, ohne dass der/die TherapeutIn es merkt. Die meisten Fälle „kultureller" Missverständnisse – man könnte es auch so nennen: Schichtprobleme, Werte-Differenzen – sind (häufig) *subtil* oder aber wirklich krass.

Dieses „Nichtverstehen" ist der stärkste Risikofaktor für das Nichtgelingen einer Beziehung. Es erfordert besondere Aufmerksamkeit, Rückfragen und Supervision seitens der TherapeutInnen.

Ich habe keine Vorurteile

Nach dem eben erzählten praktischen Fall mit dem verdutzten „Ha?" möchte ich dir gerne einen „theoretischen Fall" aus meiner Ausbildungstätigkeit an der Universität schildern.

Eines Tages verteilte ich an mehrere Hundert StundentInnen einen Kurzfragebogen, der unmittelbar auszufüllen war. Ich hatte einen kurzen Bericht über eine „erfundene" Patientin geschrieben und die Studentinnen dann um „Allgemeine Einschätzungen" gebeten: Wie gut sind die Therapiechancen? Wie hoch würden Sie das Stundenhonorar ansetzen? Besteht ein Risiko, dass die Person mit dem Gesetz in Konflikt kommt? Wie motiviert schätzen Sie die Person ein? Nach wie vielen „entschuldigten Fehlstunden" würden Sie die Therapie abbrechen? Halten Sie diese Person geeignet für eine Position im pädagogischen Dienstleistungs-Sektor?

Was die Studenten und Studentinnen nicht wussten: Die verteilten Zettel waren nicht alle gleich: Gut durchmischt – stand auf einer Version der frei erfundene Patientenname „Petra Steiner" und auf der anderen Version „Branca Susić." Dieser Unterschied in den Namen alleine genügte, dass sich die Antworten auf die oben angeführten Fragen drastisch voneinander unterschieden, je nachdem ob er oder sie die Person P. S. oder B. S. beurteilte.

Eigentlich sind „Einstellungen und Vorurteile" ein „Dauerbrenner" oder besser noch: ein alter Hut im Psychologiestudium. Umso enttäuschender war es, dass sich Vorurteile trotzdem bis weit in die Therapiesituation hinein nachweisen ließen.

Da viele Vorurteile Anlass für Konflikte, Ängste, etc. sind, kann eine gute Selbsttherapie schon oft darin bestehen, sich selbst an der Nase zu nehmen! Und in der Therapie sollten Vorurteile sowieso keinen Platz haben.

Die heimliche Verführung

Du möchtest jemand für eine wichtige Sache gewinnen? Dafür musst du natürlich sympathisch, gewinnend und überzeugend wirken! Auch TherapeutInnen arbeiten immer wieder mit den Waffen des „Charmeurs" um ihre KlientInnen zu Änderungsschritten zu bewegen. Natürlich mit besten Absichten, und wahrscheinlich funktioniert das in vielen Fällen auch.

Aber Vorsicht: Nebenwirkungen! Dieser „Charme" der Therapeuten kann die KlientInnen vielleicht zu sehr „fesseln" und in ein persönliches Abhängigkeitsverhältnis bringen.

Es handelt sich um eine Gratwanderung. Eine vertrauensvolle Beziehung wird wohl immer auch einen „Schuss Sympathie", und eine „Prise Abhängigkeit" enthalten. Die Gefahr, dass die Grenzziehung nicht immer gelingt, ist augenscheinlich und bedarf einer vorsichtigen Steuerung.

Stress gegen Stress

Stress alleine ist zwar keine Krankheit, aber wirkt sich auf nahezu sämtliche Krankheiten negativ aus. Ein Mensch mit Alkoholproblemen wird unter Stress wahrscheinlich mehr trinken, der depressive Mensch leidet vermehrt, bei Burn-out und vielfach sogar bei Schizophrenie ist Stress geradezu ein Auslöser bzw. führt zum Ausbruch. Wir alle wissen: Schlafstörungen, Freßattacken ... und beruflich? Die Fehleranfälligkeit steigt. Sollte jemand gerade dabei sein, sich das Rauchen abgewöhnen zu wollen: „Jetzt ist gerade ein schlechter Zeitpunkt, ich habe momentan zu viel Stress! Aber nach der Prüfung ..."

Eine Stunde wöchentliche Psychotherapie, was bedeutet das? Anreiseweg 2 x 1/2 Stunde, und dann sollte man konzentriert mitarbeiten! Viele Therapien machen erst Sinn (bzw. bringen Erfolg), wenn man das Besprochene auch umsetzt in die Praxis. Vielleicht bekommst du „Hausaufgaben", vielleicht sollst du regelmäßig (d.h. täglich/mehrfach) Entspannung üben.

Es ist weder für dich gut, noch für den/die TherapeutIn - und damit für die „therapeutische Beziehung" - wenn du wöchentlich berichten musst: „Ich bin nicht dazugekommen ..."

Du musst sehr, sehr vorsichtig abwägen, ob die Psychotherapie nicht zusätzlichen Stress verursacht. Nun kenne ich Menschen (aus der Praxis, aber auch im privaten Bekanntenkreis), die immer noch „wahnsinnig viel zu erledigen haben". Natürlich müssen Sie noch zum Frisör, einkaufen, den neuesten James Bond sehen, Auto-Probefahren, etc.

Bei solchen Menschen besteht die Gefahr, dass die die Therapie auch nur konsumieren, um ihren Stundenplan vollzupfropfen, und um dann das Gefühl zu bekommen, dass sie „wahnsinnig viel machen". Alleine das kann das trügerische Gefühl vermitteln, sehr wichtig und aktiv zu sein!

Alles klar? Du sollst dir mit der Therapie nicht zusätzlichen Stress machen, sondern grundsätzlich überlegen, wo du stattdessen Stress reduzieren kannst. Und das geht wirklich nur, wenn man das „Muss" aus dem Satz streicht (Ich „muss" nämlich den neuen James Bond nicht sehen, ich „muss" nicht Probefahren ...) und dafür ein „Möchte" einsetzt, um dann ganz, ganz ehrlich zu sein: Dieses Mal geht es sich halt nicht aus. Die Welt geht dadurch nämlich *nicht* unter.

Und jetzt gehst du völlig entspannt in die Therapie - oder du liest ein paar Passagen dieses Buches ein zweites Mal, oder du beginnst schon einmal mit einer ersten Überlegung zu einer Übung ...

Änderungswiderstand

Ausgangsfrage: Möchte ich wirklich ein(e) Andere(r) werden?

Ödön von Horvath war es, der folgenden Satz formuliert hat und damit auf humorvolle Art das für mich zentrale Problem der Psychotherapie angesprochen hat:

„Eigentlich bin ich ganz anders, nur komm ich so selten dazu"
Ich möchte gerne anders sein, raus aus meiner Haut, aber: Ich möchte auch der/die Selbe bleiben.

Das ist so wichtig, dass wir es uns genauer anschauen müssen, denn wir kommen daran nicht vorbei. Es gibt im Menschen eine *Beharrungstendenz* – oder: einen Widerstand gegen Veränderungen. Fachleute nennen es meist *Änderungswiderstand*. Das kannst du selbst an dir beobachten. Es lohnt sich.

Zunächst kennen wir die „lieben Gewohnheiten": Aus der Vielzahl an Restaurants entscheiden wir uns letztlich meist für die wenigen selben, und aus der ausführlichen Speisekarte wählen ebenfalls häufig nur unter wenigen Gerichten. Und wir haben viele weitere konstante Vorlieben: Filme, Serien, Freizeitvergnügen, Treffs, Klamotten ...

Selbstverständlich *begründen wir* unser eigenes Verhalten immer wieder: Das Restaurant hat günstige Preise, das Essen ist ausgezeichnet, und mein Lieblingsgericht (Achtung: *Jedes Verhalten kann man irgendwie begründen:* Ich fürchte mich vor dem Hund, *weil* er gefährlich ist; diese Zigarette rauche ich noch – jetzt habe ich so viel Stress, dass ich gar nicht aufhören kann, und: ein Achterl schadet nicht). *Auf diese Weise dreht sich die Welt weiter wie immer.*

Kann denn Psychotherapie überhaupt funktionieren, wenn ich mich nicht im Geringsten ändere? Natürlich nicht. Ob Psychotherapie durch geschulte Personen oder durch eigene Anstrengung: *Die kon-*

krete Veränderung ist der kritische Punkt. Einer meiner Lehrer sagte mir zu diesem Problem: Viele Menschen wollen sich verändern, aber nur „zu 90 %" - und nicht hundertprozentig.

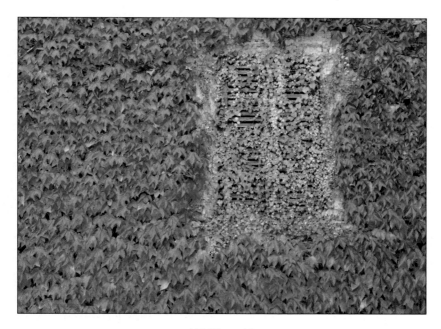

Abbildung 12:
Die Fensterläden der Burg sind geschlossen. Sie wenigstens einen Spalt breit öffnen, würde Licht und frischen Wind bringen.

Irgendwie stimmt es ja auch: Vielleicht passen nach einer Therapie mein Partner und ich nicht mehr so gut zusammen? oder: Vielleicht lasse ich mir am Arbeitsplatz nicht mehr so viel gefallen, und dann kommt der Konflikt? oder: Vielleicht komme ich in eine Position, wo ich mehr Verantwortung übernehmen muss?

Es stimmt ja: Wenn ich einen guten Schachzug mache, dann ändert sich etwas am Brett! Allerdings: Ich muss ja nicht gleich die Arbeitsstelle, den Hausfreund und das Urlaubsziel wechseln! Aber, ich bekomme durch eine Therapie *mehr Entscheidungsfreiheit, mehr Bewegungsfreiheit, mehr innere Sicherheit ....*

Man könnte es auch so sehen: Die Bewältigung der *Angst vor der Veränderung* ist somit der wichtige, erste Schritt, mit dem du beginnen könntest ...

Was mir vertraut ist, möchte ich nicht aufgeben. Unsere psychische Störung ist *eben auch eine Gewohnheit!*

Auch das möchte ich nun mit zwei kurzen anekdotischen Beobachtungen unterstreichen:

Eine fesche und resolute Chemikerin wurde von einem ihrer Kollegen zur Therapie gedrängt, und weil sie diesem keinen Wunsch abschlagen konnte traf sie eine Terminvereinbarung mit mir. Sie schilderte mir auch diese Ausgangssituation, stritt auch nicht ab, dass sie an mehreren Phobien leiden würde. Aber sie hatte keine Absicht, von sich aus in Therapie zu gehen. *Sie hätte sich sehr gut damit abgefunden und die Phobien würden eben zu ihr gehören.* Sie akzeptiert die Phobie als Teil von ihr (Wir kamen gut ins Gespräch, und heute ist sie auch ohne Phobien glücklich).

Die zweite Geschichte lief ein wenig anders: Ein Mann mittleren Alters kam zur stationären Behandlung ins Krankenhaus: Zunehmende Depressionen hätten ihn „an den Rand" gebracht. Dazu gehörte auch, dass er sein Hobby nicht mehr ausüben konnte: Schlagzeuger, Saxophonist und Tontechniker – alles in einem, je nachdem, mit welcher Gruppe er gerade unterwegs war. Die Therapie schlug exzellent an (ausschließlich Medikamente; Ich selbst lernte diesen Menschen erst Monate später privat kennen, da war er wieder Jazzer). Ich stellte mich als Psychotherapeut vor, er sich als „der Depressive". Noch einmal: Es ging ihm ausgezeichnet! Über die Jahre hatten seine Kollegen – und er selbst - *die Gewohnheit angenommen, ihn als „der Depressive" zu bezeichnen.* „Irgendwie steh ich drauf", meinte er.

Beide Beispiele zeigen uns, dass Menschen die psychische Störung durchaus in ihre Persönlichkeit, *in ihr Selbstbild* integrieren können. In den von mir gewählten Beispielen gab es zwar positive Behandlungsergebnisse, es ist aber genauso gut denkbar und Tatsache, dass viele Menschen ihr Leiden „akzeptieren" – und einen Versuch einer Veränderung nicht einmal andenken.

Die Veränderung zuzulassen ist offenbar eine größere Anstrengung und Bedrohung, als das tägliche Leben mit der psychischen Störung selbst.

Eine Symptomverschiebung

Oder doch nicht?

Frau Z. ist eine nette ältere Frau. Die Kinder sind „draußen" und der Gatte hatte sich schon früher zu einer „Jüngeren" verabschiedet. Und so lebte die „noch-nicht-Großmutter" alleine, und tröstete sich bei laufendem Fernseher mit zunehmend mehr Alkohol. Bis sie die Kontrolle darüber verlor. Und das ging so über Jahre.

Der Hausarzt motivierte sie für eine Therapie, diese Therapie war erfolgreich, Frau Z. ein Jahr lang trocken. So war es auch in der Dokumentation festgehalten.

Eines Tages kam sie wieder zur Aufnahme (wieder war der Hausarzt die treibende Kraft): Dieses Mal kam sie mit einer Medikamenten-Abhängigkeit. Weil es auch in der Kollegenschaft wohlwollende und weniger wohlwollende gab, wurde schnell der spöttische Vorwurf der „Symptomverschiebung" in Umlauf gebracht.

Schneller war noch kein Fall gelöst: Frau Z. erklärte uns, dass sie beim ersten Aufenthalt nur den Alkoholismus als Problem angegeben hatte, denn der wäre viel auffälliger als die Medikamente. Außerdem wollte sie sich „sicherheitshalber die Medikamente noch behalten". Und so nahm sie nach der erfolgreichen Alkoholtherapie auch recht bewußt und regelmäßig Medikamente ein.

Der Vorwurf mit der Symptomverschiebung (ein neu entstandenes für ein früher beseitigtes Symptom) ging somit ins Leere, die Behandlung war auch dieses Mal erfolgreich (Jeder erfahrene Therapeut weiss, dass es nicht immer so leicht geht!).

Vielleicht ist es auch die neue Rolle als Großmutter, die ihr dabei half.

Grundsätzlich ist zu sagen, dass es natürlich Symptome gibt die eine „gemeinsame Geschichte" haben (Nach dem Motto: Wer öfter Alkohol trinkt, hat auch eine größere Wahrscheinlichkeit nikotinabhängig zu sein).

Eine weitere Variante des *Symptomwandels* sieht man auch bei spontanen Krankheitsverläufen. Bevor eine eindeutige Diagnose einer „Schizophrenie" gestellt werden kann, ist es möglich, dass verschiedene „Vorläufer-Symptome" auftreten.

Ebenso *verschwistert* kommen Ängste und Depressionen alternierend oder gemeinsam vor. Das liegt aber im Wesen dieses Störungsbildes.

Und jetzt zur Kernaussage, die ich mit diesem kleinen Kapitelchen vermitteln wollte und die mir wichtig ist: *Symptomverschiebung als schädliche Nebenwirkung einer Psychotherapie ist ein nur selten auftretendes Phänomen.* Ich würde sogar behaupten, wenn neue Symptome auftreten, dann treten sie auf, wie auch im nächsten Herbst eine Grippe wieder neu auftreten kann - obwohl ich doch gerade eben eine hinter mich gebracht habe.

Eine zweite Sicht wäre, dass eventuell die diagnostische Analyse unvollständig oder fehlerhaft war. Dann kann man „nachbessern".

Jedenfalls steht für mich außer Zweifel, *dass eine mögliche „Symptomverschiebung" kein echter Hindernisgrund für eine Inanspruchnahme von Psychotherapie sein kann.*

JEDER SCHLUSS
IST AUCH EIN ANFANG

Hast du *schwere* Depressionen, dann wärst du glücklich, wenn du nur leichtere hättest. Hast du nur noch *leichte* Depressionen, dann stören dich selbst diese! Natürlich möchten auch Therapeuten „glückliche Patienten"! (Eine menschliche Schwäche von TherapeutInnen?). Die Konsequenz daraus wäre also: Die Therapie fortzusetzen. *Genau das wäre ein fundamentaler Irrtum,* auf der Seite der „Patientin", wie auch seitens der TherapeutInnen.

Der Zustand Glück (ewige Symptomfreiheit) ist kein Reiseziel und hat keinen festen Ort. Einen solchen Zustand als Therapieziel zu wählen wäre problematisch: Sehr bald schon könnte sich ein solches Glücksgefühl in eine herbe Enttäuschung wandeln. Was erreicht werden soll - durch Psychotherapie oder „Selbstbehandlung", ist eine *Befähigung zur besseren Lebensgestaltung,* - durch Entwicklung von „Grundkompetenzen", wie der Fähigkeit zur Selbstreflexion, eine höhere Sensibilität für eigene Befindlichkeiten, bessere Wahrnehmung eigener und fremder Bedürfnisse, etc. Damit können nun individuelle und wechselnde Ziele selbst angestrebt werden.

Somit wird die Beendigung einer Therapie ähnlich dem Anfang: Soll ich oder soll ich nicht? Auch bei der Beendigung einer Therapie wird ein Stück Angst mitschwingen. Immerhin hat mich die „starke Schulter" der Therapeutin/des Therapeuten durch diverse Krisen und Klippen geleitet.

Kein/e TherapeutIn der Welt kann dir eine vollständige „Heilung" versprechen. Das wäre nämlich ungefähr so toll, als würde für alle Zukunft der Regen ausfallen.

Abbildung 13:
Geht es nicht auch darum,
dass jeder sich an seinem Ort und auf seine Weise wohl fühlen darf?

VERZEICHNIS VERWENDETER BEGRIFFE

Abwehrmechanismen: „Eingebaute" psychologische Mechanismen, die für einen Ausgleich zwischen unvereinbaren Ansprüchen sorgen (z.B. zwischen Keuschheitsgelübde und sexuellem Verlangen). Der bekannteste A. von allen ist die „Verdrängung".

Achtsamkeit: Aus dem Buddhismus kommendes, meditationsartiges Training zur sensorischen Sensibilisierung; Erhöhung der „Awareness".

Adoptionsstudien: Ein Typ wissenschaftlicher Studien, mit dem hinsichtlich der Erkrankungsursachen das Ausmaß der Erblichkeit vom Ausmaß der Wirkung des Milieus (bzw. der Erziehung) separiert werden kann. Der zentrale Schritt dabei ist, dass dabei Personen untersucht werden, die zwar erkrankte biologische Eltern(-teile) aufweisen, aber schon ab früher Kindheit von gesunden Pflege- oder Adoptiveltern aufgezogen wurden.

Affektiv: Affektive Störungen sind Störungen des Gemütes, d.h. der Gefühle, der seelischen Befindlichkeit. Depressionen (und auch Manien) werden hier zugerechnet.

Agitiertheit: Während depressive Menschen häufig ruhig und antriebslos bleiben, gibt es auch die Möglichkeit, dass sie motorisch und geistig unruhig und getrieben wirken.

Arbeitsgedächtnis: Wird unterschieden von anderen Gedächtnisformen (wie Langzeitgedächtnis, Schmerzgedächtnis). Das A. wird benötigt um komplexe Aufgaben lösen zu können. Typisch hierfür wäre die Zwischenspeicherung von Teilsummen beim Kopfrechnen.

Assoziation: Bedeutet eine „Verknüpfung" von Gedächtnisinhalten. Eine weithin bekannte A. besteht darin, dass den meisten Menschen zu „Eifelturm" das Wort „Paris" einfällt. Ohne funktionierende A. wären wir in einem Chaos von Begriffen verloren.

Assoziatives Netzwerk: Das Gesamt verknüpfter Begriffe im Gedächtnis. Das A.N. ist teilweise kulturell/gesellschaftlich übereinstimmend aufgebaut, zum Teil auch sehr individuell. Allgemein: „rot - stopp"; Individuell: „Angelika - Allergie".

Aufmerksamkeitslenkung (engl. *Attentional Switch*): Beschreibt das Phänomen der (bewussten und unbewussten) Aufmerksamkeitssteuerung. Beispielsweise wird man vor einem wichtigen Termin seine Aufmerksamkeit immer wieder vom spannenden Buch auf die Uhr (und zurück) lenken, um den Termin nicht zu versäumen.

Autobiographisches Gedächtnis (bzw. episodisches Gedächtnis): Fasst persönlich Erlebtes in einem (Teil-)Gedächtnis zusammen. Beispiel: Meine Erinnerung an den Sturz mit meinem neuen Fahrrad an meinem Geburtstag.

Burn-out: Begriff, der im letzten Viertel des letzten Jahrhunderts aufkam und als Paradefall für die „Entstehung einer Krankheit" angesehen werden kann. B. ist eine depressionsähnliche psychische Störung, deren wesentliche Ursachen im beruflichen Überengagement bei gleichzeitiger Abwertung in der Berufsausübung gesehen werden.

Diagnose: Name einer umschriebenen Krankheit, die sich aus mehreren Symptomen zusammensetzt. D. werden meist nach festen Regeln gestellt.

DSM (Diagnostic and statistic manual of mental disorders): Herausgegeben von der *Amerikanischen Psychiatrischen Gesellschaft*. Ähnlich der ICD, ein weit verbreiteter Standard für die Diagnostik psychischer Störungen.

Episode: Krankheiten zeigen oft charakteristische Verläufe. So ist es für eine bestimmte Form von Depression typisch, dass sie (einmalig oder wiederholt) für mehrere Monate in Erscheinung tritt und wieder verschwindet. Auch: Phase.

Forschungsdesign: Wissenschaftler folgen bei der Durchführung von Studien bestimmten Regeln. Diesen „Plan" nennt man „Design".

Am bekanntesten ist die Untersuchung der Wirksamkeit eines Medikamentes, bei der ein „Verum" mit der Wirksamkeit eines „Plazebos" verglichen wird.

Grübeln (Ruminieren): Bekanntes kognitives Symptom im Rahmen einer Depression. Grübeln wurde in den letzten Jahren auch als Ursache für die Entstehung und Aufrechterhaltung einer Depression verantwortlich gemacht.

Halluzination: Störung der Wahrnehmung. Man sieht, hört, riecht, fühlt etwas - was objektiv nicht vorhanden ist.

ICD (International Classification of Diseases der WHO): Ein Katalog, der Symptome und Krankheiten definiert und – neben dem DSM - zu einem „Standard" für psychische Störungen wurde.

Interaktion: Üblicherweise die verbale und nichtverbale Kommunikation zwischen Menschen. In einem weiteren Verständnis wird darunter aber auch das Zusammenwirken von Kräften (Faktoren, Eigenschaften) verstanden, was – ähnlich einer Legierung – qualitativ Neues ergibt.

Ironic processing: Bezeichnet das vielfach nachgewiesene psychische Phänomen, dass die versuchte Unterdrückung eines Verhaltens zum gegenteiligen Ergebnis – zu dessen Anstieg – führt.

Kasuistik: Hierbei wird eine einzige Person (Krankheitsfall) ausführlich untersucht und beschrieben.

Kognition: Umfassender Begriff für alle Denkvorgänge, die von der Wahrnehmung bis zur Speicherung im Gedächtnis und dem Wiedererinnern reichen.

Konfrontation: *Im therapeutischen Kontext* wird darunter die Gegenüberstellung mit einer üblicherweise vermiedenen Situation (Gegenstand, etc.) verstanden. PatientInnen sind angehalten nicht zu vermeiden, sondern die Situation „auszuhalten". Dies führt zur Angstreduktion.

Manie: Psychische Erkrankung, die sich durch Antriebssteigerung und gehobene Gemütslage auszeichnet. Es ist *unrichtig*, Manie als das „Gegenteil von Depression" zu bezeichnen. M. kommt meist unsystematisch alternierend mit depressiven Episoden vor.

Modell: Eine von Wissenschaftlern konstruierte Vorstellung vom Funktionieren menschlicher Gefühls- und Verhaltensweisen. Eine der Hauptaufgaben der Wissenschaft liegt in der Überprüfung (Modifikation, Verfeinerung oder Verwerfung) solcher Modelle.

Negativsymptomatik: Bezeichnet das krankheitsbedingte Schwinden sonst vorhandener Zustände: Abflachen von Gefühlen, Verlust von Interesse ...

Persönlichkeit: Der Begriff wird in unterschiedlicher Weise verwendet. Zum einen bezeichnet er das „Wesen" des Individuums, wobei dessen charakteristischen Eigenschaften hervorgehoben werden, die es von anderen Personen unterscheiden (Betonung der *Andersartigkeit*). Gleichzeitig gibt es den Ansatz, nach Persönlichkeitstypen zu suchen, welche dann durch ähnliche Eigenschaften charakterisiert sind (Betonung der *Gemeinsamkeiten*).

Persönlichkeitsstörung: Hier handelt es sich um „Verlängerungen" der bekannten „normalen" Persönlichkeitstypen in Richtung „klinischer Ausprägung" (z.B. Zwanghafte Persönlichkeit, Depressive Persönlichkeit, etc.)

Phase: Ähnlich wie Episode: Zeitlich begrenztes, (wiederholtes) Auftreten einer Erkrankung; z.B. einer Depression.

Phobie: Erhöhte Angst vor einem bestimmten Gegenstand, vor Situationen oder Menschen. Meist ist die Angst so stark ausgeprägt, dass die Person danach trachtet, die Situation (Gegenstand, Menschen) bzw. die Angst davor zu vermeiden.

Psychiater: Facharzt / Fachärztin mit der Spezialqualifikation für psychische Störungen. Im Unterschied zum Psychologen und Psychotherapeuten ist er (sie) qualifiziert Medikamente zur Behandlung einzusetzen.

Psychologe/Psychologin: Absolvent bzw. Absolventin des Universitätsstudiums der Psychologie.

Psychologie: Die Lehre vom Verhalten und Erleben des Menschen; umfasst nicht-klinische Bereiche (z.B. Verkehr, Wirtschaft, Architektur, Gesundheit etc.) sowie den klinischen Bereich (die Welt gestörten Erlebens und Verhaltens)

Psychopathologie: Lehre von der Störung seelischer Prozesse.

Psychotherapeut (-in): Speziell für die Behandlung von Menschen mit psychischen Störungen ausgebildete Person. Deren Methode: Psychotherapie.

Psychotherapie: Die Anwendung wissenschaftlich überprüfter Methoden bei Menschen mit psychischen Störungen durch dafür ausgebildete Personen.

Remission (Spontanremission, Rückbildung): Sind die therapeutischen Bemühungen um eine Heilung von einer psychischen Störung erfolgreich, so wird dies als Remission bezeichnet. Eine Heilung ohne therapeutisches Zutun wird als Spontanremission bezeichnet.

Replikation: Wiederholung einer wissenschaftlichen Untersuchung mit dem selben Studien-Design unter gleichen bzw. nur leicht abgewandelten Bedingungen. Auf diese Weise wird die Gültigkeit vorliegender Ergebnisse erhärtet.

Rückfall: Die Frage des Rückfalles ist nicht ganz einfach. Wenn ich ein Jahr nach einer Grippe wieder an einer Grippe erkranke, dann wird man dies nicht als Rückfall bezeichnen. Wenn ich nach einem Jahr Alkohol-Abstinenz wieder zu trinken beginne, wird dies gemeinhin als Rückfall angesehen. Rückfall impliziert somit ein latent anhaltendes Krankheitsgeschehen.

Ruminieren (siehe Grübeln)

Schema: Eine stark abstrahierte „Matrize" von Verhaltensmustern, die sich zur Klassifikation von Verhalten und ihren Ursachen eignet.

Schizophrenie: Sch. gilt heute als vorwiegend kognitive Störung, die von affektiven und Verhaltensauffälligkeiten begleitet wird. Unter dem Etikett „Schizophrenie" kann sich eine Vielfalt an Symptomen manifestieren, die von Wahninhalten bis zur völligen „Verflachung" der Persönlichkeit reichen. Die Prognose ist sehr unterschiedlich.

Setting: Der äußere Rahmen einer Psychotherapie. Dem häufigsten Einzel-Setting mit 50 Minuten Dauer stehen kürzere/längere Treffen oder Treffen in Gruppen gegenüber.

Signifikanz, klinische: Bei der k. S. liegt ein Behandlungseffekt in einem Ausmaß vor, der deutlich wahrnehmbar und subjektiv relevant ist.

Sucht: (Meist) Einnahme von Substanzen, die zur Gewöhnung und Dosissteigerung führen; Beim „Absetzen" zeigen sich Entzugserscheinungen.

Suizid: Selbsttötung. Bewusst gesetzte Handlung die zum eigenen Tod führt.

Symptom: Ein „Zeichen", das auf das Vorliegen einer (bestimmten) Krankheit verweist (z.B. Fieber).

Symptomverschiebung: Es wird beobachtet, dass nach dem Verschwinden einer Krankheit („Therapieerfolg") eine andere Krankheit auftritt. Dabei wird unterstellt, dass beiden Krankheiten eine gemeinsame Ursache zugrunde liegt.

System, systemisch: Hier ist nicht das Individuum, sondern die Gruppe (System) Ziel einer Intervention. Dieses System kann z.B. eine Familie oder ein Betrieb sein. Das Individuum wir hier nur als „Symptomträger" gesehen. .

Test (psychologischer): Bei einem (psychologischen) Test wird von einer Person die Beantwortung (Lösung) einer Frage/Aufgabe verlangt (wenn schriftlich: Fragebogen), die als repräsentativ für eine zu untersuchende Eigenschaft gilt (z.B. Antworten zur Schlafqualität als Teil der Einschätzung der Schwere einer Depression)

Ursache: Wie in der Medizin besteht auch in der Psychotherapie die Absicht, Krankheitsursachen - soweit sie aktuell noch wirksam sind - bestmöglich zu beseitigen. Allerdings ist dieses Ziel kaum einzulösen, da sich Verursachungs-Ketten oft über Generationen erstrecken.

Ursachenzuschreibung (Attribution): Beschreibt die Tendenz von Menschen, sich Ereignisse und Zustände zu erklären. Beispiel: Ich habe die Prüfung nicht geschafft, *weil* der Lehrer mich nicht mag.

Verdrängung: Bekanntester der Abwehrmechanismen. Es gelingt dabei Konflikte oder „Bedrohungen" zu eliminieren (Beispiel: Vergessen des Termines für die ärztliche Untersuchung aufgrund der Angst vor einem positiven Befund).

Verhaltenssteuerung: Die absichtsvolle Steuerung des Verhaltens geschieht vom Stirnhirn aus. Dabei werden z.B. (Zwischen-)Schritte eines komplexen Ablaufes festgelegt oder Entscheidungen getroffen.

Verhaltenstherapie (VT): Wenn ein andauerndes Verhalten nicht angeboren oder erzwungen ist, dann muss es „erworben" sein, egal ob es sich um „dysfunktionales" oder erfolgreiches Verhalten handelt. In der Psychologie wird der „dauerhafte Erwerb" neuen Verhaltens als „Lernen" bezeichnet. VT versucht nun mit Methoden, die auf „Lernen" basieren, in Kooperation mit den PatientInnen das Verhalten zu verändern.

Verlauf (Spontanverlauf): Viele der psychischen Störungen weisen charakteristische Verläufe auf (z.B. „depressive Phasen", „schizophrene Schübe", zunehmende Demenz). Bei unbehandelten Störungen nennt man einen Verlauf „Spontanverlauf".

Vermeidung: Die Vermeidung ist ein kurzfristig wirksamer Versuch der Angstbeherrschung. Längerfristig führt Vermeidung eher zur Steigerung der Phobie.

Vorurteil: Als Vorurteile werden „Urteile" bezeichnet, die sich nicht ausschließlich aus konkreten Beobachtungen oder Erfahrungen herleiten lassen. Obwohl Vorurteile auch positiv sein können („rosarote Brille"), gelten sie gemeinhin als „negativ getönte Vereinfachungen".

Wahn: Wahn ist eine inhaltliche Denkstörung. Die „subjektive Gewissheit", die „Unmöglichkeit des Inhalts" und die „Unkorrigierbar-

keit der Vorstellung durch Erfahrung" gehören zu den sogenannten „Wahnkriterien". Entgegen weit verbreiteten Annahmen tritt
Wahn keineswegs ausschließlich bei Schizophrenien auf.

Zwang: Die betroffene Person wiederholt, oft über längere Zeiträume
hinweg, Verhaltensweisen, was von ihr selbst als unsinnig angesehen
wird. Das kann vom Kontrollieren (der Herdplatte) bis hin zu rei-
nen Gedankenzwängen reichen.

Zwillingsstudien: Gruppe sehr aufwändiger Forschungs-Designs, ins-
besondere zur Feststellung der erblichen Belastungen bei psychischen Störungen geeignet.

ZUSAMMENFASSUNG IN STICHWORTEN

Sich helfen lassen ist kein Zeichen von Schwäche. Als soziales Wesen ist der Mensch auf Austausch programmiert. Dazu gehören eben auch: Nachfragen und Sich-helfen-lassen.

<>

Fast allen psychischen Störungen liegen überlebensnotwendige psychische Funktionen zugrunde: Angst, Stimmungsschwankungen, Phantasien, sozialer Rückzug, Kontrollen, Aggression, Abhängigkeiten ... Nur an der *überhöhten* Intensität bzw. Ausprägung eines Phänomens leiden wir.

<>

Eigentherapie – aber auch Therapie mit Therapeuten – *kann nur erfolgreich sein, wenn wir eine Bereitschaft zur Änderung haben.*

<>

Neben der positiven Einstellung zur Veränderung ist eine wichtige Voraussetzung für eine erfolgreiche Selbsttherapie das *Wissen über die Eigendynamik unbewusster und automatischer Verhaltensregelung.*

<>

Der Mensch verfügt über *Notfallmechanismen der Problembewältigung:* Reflexartige Flucht vor Bedrohung, „Vergessen" (Verdrängung) usw. Den unmittelbar positiven Auswirkungen stehen häufig längerfristig negative Auswirkungen gegenüber.

<>

Der Mensch ist ein außerordentlich lernfähiges Wesen: Nötiges und Unnötiges können wir uns aneignen. Dieses Lernen passiert „nebenbei" oder absichtsvoll und zielgerichtet.

<>

Unser Leben richtet sich in eine ungewisse Zukunft. Daher müssen wir *lernen mit Ungewissheiten zu leben.*

<>

Die bestmögliche Vorbereitung auf eine ungewisse Zukunft besteht im Erwerb *breit gestreuter Fähigkeiten* und in der *Offenheit zur Adaptation (geistige Flexibilität).*

< >

Schon *ein geringes Abweichen vom ausgetretenen Pfad* (alte Gewohnheiten) kann gute Erfolge einleiten.

< >

Das Leben kennt keine „eindeutigen und endgültigen Lösungen": Immer werden wir auf einem Grat wandeln: Risiko eingehen - Risiko vermeiden; Änderungen wagen - Bewährtes beibehalten; konsequent handeln - Kompromisse eingehen; sensibel sein - aushalten; kontrollieren - Fehler riskieren; Regeln einhalten - nicht im Gehorsam untergehen; Vertrauen - Skeptik; Autonomie - Unterordnung; „Klammern" - loslassen.

< >

Unser individuelles Dasein, wie auch unsere Umwelt sind zum großen Teil durch Denken hergestellt: Ich bin „krank", „das gehört sich nicht" … bis zum „Fegefeuer mit anschließendem Himmel". Diese und viele andere selbst geschaffene bzw. übernommene Konstruktionen leiten unser Leben.

< >

Psychotherapie ist nur erfolgreich, *wenn der Klient sich aktiv beteiligt:* Sich bemühen um Erinnerungen, Neues ausprobieren, Umdenken.

< >

Die Definition von „psychischer Störung" (Neurosen, Krankheiten) ist kultur- und zeitabhängig. Am Beispiel der „weichen Drogen" kann man die variierende Bewertung gut erkennen.

< >

Ähnlich wie die Definition psychischer Störungen ist auch deren Auftreten kultur- und zeitabhängig. Bekannt dafür sind die „hysterischen" Symptome zu Zeiten Sigmund Freuds: Blindheit, Taubheit, Lähmungen, Ohnmachtsanfälle …

< >

Es ist erstaunlich, wie viele Menschen *psychische Probleme als Teil von sich* betrachten und unreflektiert akzeptieren.

<>

Wir sehen auf die Welt, als wären wir ihr absoluter Mittelpunkt. Was uns dieses Gefühl der einmaligen *Identität* vermittelt, wird manchmal zum Bumerang: Auch im negativen Sinne entsteht das Gefühl von Einmaligkeit und Einzigartigkeit.

<>

Für die meisten der untersuchten psychischen Störungen gibt es Belege einer *genetischen Mitbeteiligung. Nichtgenetische Gründe überwiegen jedoch.*

<>

Obwohl wir das Gefühl haben kontrolliert zu denken, geschieht *der überwiegende Teil unseres Denkens „automatisch":* Auf die Wahrnehmung einer Situation folgen Assoziationen und Gewohnheiten.

<>

Die unterschiedlichen *Psychotherapieformen haben mehr Gemeinsamkeiten als Unterschiedenes.* Die angebotenen Psychotherapien werden oft auch als „Therapieschule" bezeichnet.

<>

Der stärkste Wirkfaktor einer Psychotherapie ist die gute Beziehung zwischen Klient und Therapeut.

<>

Eigentherapie bzw. Selbsttherapie steht in keinem Gegensatz zur Inanspruchnahme einer Therapie bei Psychotherapeuten.

<>

Wie die soziale Entwicklung des Menschen ein lebenslanger Lernprozess ist, so kann sich auch die *Selbsttherapie über einen längeren Zeitraum* erstrecken.

<>

Wann brauchst du *keine* Therapie? *Wenn du in der Lage bist, dich so zu akzeptieren, wie du bist.*

Psychische Störungen können immer wieder auftreten. Ähnlich wie eine Grippe wieder kommt und verschwindet.

<>

Man lebt besser, wenn man Unkorrigierbares akzeptiert. Ich kann mein Elternhaus nicht rückwirkend verändern, aber die Bewertung des Verhaltens meiner Eltern.

<>

Absolutismen („Ich rufe nie wieder an") und *Superlative* („Er ist der Dümmste") *sind selten hilfreich* und fast immer falsch.

<>

Wir können immer nur Freiräume nutzen, die uns die Gesellschaft (meine Bezugsgruppe), das Recht und die Biologie einräumen. Wir nutzen sie jedoch meist zu wenig. Wer sich selbst entscheidet, braucht weniger oft Entscheidungen Anderer akzeptieren (Kompromisse dort, wo sie angezeigt sind).